反＝恋愛映画論

佐々木敦
児玉美月

『花束みたいな恋をした』からホン・サンスまで

ele-king books

目次

反＝恋愛映画宣言

佐々木敦

恋愛映画が苦手だった。

映画だけではない。恋愛ドラマも、恋愛小説も、恋愛マンガも、恋愛論の類いも、どれもこれもどうにも苦手なのである。

忘れもしない、今からはるか三十五年前（！）の一九八七年、村上春樹の新作長編小説『ノルウェイの森』に、こともあろうに「１００パーセントの恋愛小説」というキャッチフレーズ（しかもこれは作家本人によるものである）が付けられているのを見たとき、デビュー以来、村上春樹の小説をリアルタイムで愛読してきた私は、思い切り引いてしまい、読むのをやめた。思えば第一作『風の歌を聴け』だってまぎれもない恋愛小説だったのだが、とにかく「恋愛」なるものを前面に押し出されると、どうしてそんなものをわざわざ読まなくてはならないのかというほとんど苛立ちにも近い疑念がむくむくと湧き上がり、意味不明な反撥心が芽生えてきて、絶対読むもんか、と意地になってしまうのだった。若さゆえとも非モテゆえとも言えるエピソードだが、もっと年齢を重ねてからはそのようなたぎるような「反＝恋愛」心こそ減衰したものの、不得意であることに変わりはなかった。それは気恥ずかしさにも気後れにも似ているが、要するにかつての私は、恋愛にかかわるあれやこれやは現実だけでじゅうぶんだ、と思っていたのだと思う。

更に時は流れ、私はある日、これではいけない、と思い立った。特に理由やきっかけがあったわけではない。適度に枯れてきた私はこう思った。過剰な苦手意識があるものには必ず何かが潜んでいる。もう逃げちゃダメだ。私は「恋愛」の二文字が冠されるもののなかでも特に不得意意識があった「恋愛映画」について、一度ちゃんと考えてみようと思いついた。そして、こういうよくわからないチャレンジを一緒にやれる相棒は誰だろうかと考えた。ああ、児玉美月さんがいるじゃないか！

ＬＧＢＴＱを描いた作品を中心に、ここ数年、内外／新旧の数々の映画にかんしてシャープでストロングでブリリアントなテクストを尋常ならぬエネルギーで日々生産している気鋭の映画執筆家とならば、他ではあり得ないようなユニークなバランスで「恋愛映画」をともに論じることができるのではないか？　私はいそいそと、そしておそるおそる、このアイデアを児玉さんに伝えてみた。幸いにも彼女はすぐに乗ってくれて、それから約一年、計七回の対談収録を経て、ここにこうして『反＝恋愛映画論』をお届けする次第。

「映画の恋」と「映画との恋」

児玉美月

この対談が始まったのは、『花束みたいな恋をした』の話を、まだ観ていなかった佐々木さんにしたことがきっかけだったように思う。そのとき「観るのが怖いんですよね」と言った佐々木さんの言葉はあまりにも純度が高く、恋愛映画に対して「恋愛なんて比喩じゃないとつまらない」と嘯いていた私は、自分をひどく青臭い子供に感じた。そんな『花束みたいな恋をした』のマスコミ試写が終わってすぐ、この映画は「普遍的な物語」であり、「あらゆる人に贈られる恋愛指南書」だとSNSに書き込んだ。しかし私は自分の内から出た言葉を次の瞬間にはもう疑っている人間なので、「普遍的」も「あらゆる人」も、耳馴染みのいい紛い物ではないか、とすぐに思い直した。とかく「ラブストーリー」にこれらの惹句が付されやすいのは、この社会が恋愛を誰もが経験する事象として想定しているからにほかならない。しかし二〇二〇年代を迎えた今、恋愛の多様性が声高に謳われ、捉え直しが加速化し、さらに恋愛自体、誰もがするものだという前提はますます切り崩されている。実際、このまえがきを執筆する直前には、Aセクシュアルもしくはロマンティックの女性を主人公にした映画『そばかす』の公開が発表されたばかりである。

私自身について、恐れを乗り越えて少しだけここに書いておきたい。

私は十六歳のある日から映画を見はじめ、気付けば三十代半ばになっている。労働にあてられた以外の時間は、ほぼ映画に費やしていると言ってもよい。私はひとり、この小さな、自分だけの書斎でただひたすら映画を観て書くだけの日々を送っている。むろん「恋愛」、そしてそれに社会が紐づけている出産や家族形成といった外圧からまったく解き放たれてこうした生活を送るのは、ましてや女性という属性になるとより容易ではない。

映画について論じるにあたり、私はなるべく透明な存在でいたかった。しかし、あらゆる場面でジェンダーバランスが取り沙汰され、マイノリティの権利運動が活発化する現代において、属性の問題は分かち難く、避け難い。おそらくこうして「恋愛映画」を語る局面においても、いわゆる異性愛規範的なライフコースから外れた「女性」という現状の私自身の属性は、そこにある種の政治性が孕む以上、触れずにおくべきではないのだろう。本書は決して、恋愛の熟練者による「普遍的」で「あらゆる人に贈られる恋愛指南書」には、とうていなりえない。むしろここにあるのは、恋愛映画を語りながらも、かつ恋愛／映画に抵抗する複雑で相反した身振りであろう。

最後に、一見結びつかない私と佐々木さんのあいだには、映画との関係において色濃い共通性がひとつあると勝手に思っている。それは、映画に対してだけは、どこか初恋めいた感情をずっと抱き続けながら接しているところにある。だから「映画の恋」について語れば、それは同時に「映画との恋」について語っているに等しいのかもしれない。とにかく、私はそう思いながら口火を切ったのだった。

第一章

リアリティと作為性

二〇一〇年代の日本映画

花束みたいな恋をした
寝ても覚めても
愛がなんだ
本気のしるし
宮本から君へ
きみの鳥はうたえる
そこのみにて光輝く
彼女がその名を知らない鳥たち
溺れるナイフ
永い言い訳

『花束みたいな恋をした』
監督：土井裕泰／脚本：坂元裕二

イントロ――恋愛映画と私たち

児玉　これから対談を始めるにあたって、まずはなぜ私たち二人が「反＝恋愛映画」と題して恋愛映画について語っていこうとしているのかを確認しておきたいと思います。

佐々木　児玉さんは日頃からメディアやSNSでLGBTQを扱う映画についてたくさん書いていますよね。そういった映画は、基本的には広義においても狭義においても、なんらかの意味で愛を扱った映画だと思うんです。

児玉　そうですね。ただ私としては、論じる上で主眼においていたのは、たとえばそこにある政治的意図や社会的文脈だったりで、愛や恋そのものにフォーカスする意識は、もしかしたら低かったかもしれません。でも、ジェンダーやセクシュアリティの構造に恋愛という事象は密接に関わってもいるわけだから、そこに立ち返る良い契機になるのでは、というのが今回最初に考えたことです。

佐々木　LGBTQを主題にした映画では、登場人物のあいだに何らかの関係性――それは感情的なレベルだけではなく、当然ながら権力関係や社会的な文脈も不可避的に入ってくる――が描かれていて、それがドラマになっていくということですよね。もちろんこれはLGBTQ映画に限らない、恋愛映画にも限らないわけだけど、たとえば「LGBTQの恋愛映画」では、そうした関係性の網目のようなものが際立って浮かび上がる場合がある。これはいわば千葉雅也さん的な主題と言ってもいいと思うのですが、ではそれは「特殊」なことなのか、そうではなく「普通」の一種なのか、そこには「普通」という考え方、あるいは「普通」と「特殊」という二項対立の分類の問題があるように思います。人と人のあいだにある広い意味での愛情を描いている映画のなかの、あるカテゴリが児玉さんの関心領域だとして、その向こう側、あるいは外部との関係を考えてみるならば、児玉さんのフレームで観る異性愛の映画だってありえるわけですよね。多くの映画には少なからず恋愛の要素が含まれているので、児玉さんのような人が「恋愛映画」をどう観るのかに興味がありました。

児玉 これまでは関心領域に係る映画をカテゴライズした上で体系的に論じていくことが多かったので、そこに横たわる境界線を取っ払って、広く「恋愛映画」と呼ばれる映画を縦横無尽に語っていったら、なにか別の視点を発見できるのではないかという気がしています。佐々木さんはこれまで恋愛映画に対して、どういった関わり方をしてきたんでしょうか？

佐々木 こんな対談の始めに言うのも変なのですが、僕は基本的に恋愛映画は大の苦手なんです。その理由のひとつとして、共感の構造にたやすく巻き取られてしまうことへの警戒心があります。共感をなんらかの形で利用している最たる作品の在り方をしているのが、恋愛ものだと思っているんです。現実の恋愛関係においても、恋しているあいだは相手をすべて肯定したいという欲望や無意識が強く働いているのに、恋愛が終わった途端にそれがあっさりと消えてしまったり、時には反転したりすることがありますよね。現実世界で一時の感情に正常な認識が揺るがされることへの拒否感を強く持っていると、恋愛映画を観にくくなってしまう部分がある。だから「究極の恋愛映画」のような惹句がついていると、僕はむしろ観る気を失ってしまっていました。でも、苦手意識があるということは、自分の中でなにかしら思っていることがあるからなのだろうし、単に遠ざけておくのではなく、そこをもっと掘ってみてはどうかと考えたわけです。

児玉 私は映画の恋愛的な要素に対して、苦手意識とは少し違って、それがなにかの比喩でないとつまらないだろうと考えてしまっているところがあります。だから、「究極の恋愛映画」としてその映画を観たとしても、そこに恋愛以外の主題系をつい探し求めてしまうし、恋愛そのものに没入することができません。そういう意味での距離感はかなりあると思います。

佐々木 そう、つまりわれわれはまったく恋愛映画好きな二人ではないし、むしろ恋愛映画に対してそれぞれ別の理由で障壁なり距離感なりを抱いている。だからこそ、そのズレと距離の交差点に恋愛映画の新たな可能性がほの見えるんじゃないかと思ったんですよ。

児玉 それに加えて、私と佐々木さんが話すこと自体にも障壁があると言えますよね。色んな意味で危うさを抱え込んでいると思います（笑）。ジェンダーも、世代も、恋愛に対する価値観や考え方もおそらく違うであろうこの二人が、恋愛映画談義をしたらどんな化学反応が起こるのか。

佐々木 恋愛って大きなテーマだから、そこに色んなものが含まれてくるわけですよね。現実の恋愛が一様じゃないように、恋愛映画もまた一様じゃない。恋愛という営みを成立させている人間の社会的な対人関係の布置が、これまでどんな変化をしてきて、これからどう変化していくのかを考える材料としても、恋愛映画と呼ばれている作品を大量に観ながら考えていくことで、そこから複数のレイヤーを見出していけるのではないかと。そこには、単なる恋愛ものだけじゃないなにかが埋まっている予感がすでにしています。

坂元裕二作品のなかの『花束みたいな恋をした』

児玉 さっそく具体的な作品に入っていきますが、私たちが恋愛映画対談をするきっかけとなった映画が、坂元裕二の『花束みたいな恋をした』(二〇二一)でした。

佐々木 僕は恋愛映画に詳しくないからわかってなかったんですが、児玉さんがまさに今を代表する恋愛映画なら『花束みたいな恋をした』だろうと言ってくれたんですよね。日本映画の現在を考える上でも重要な作品であることは間違いない。ただ、そう言われるまでは恋愛映画に対する苦手意識からだけではなく、絶対観るもんかと思っていたんですよ

花束みたいな恋をした
監督：土井裕泰
脚本：坂元裕二
出演：菅田将暉、有村架純、清原果耶、細田佳央太、オダギリジョー

（笑）。と言いつつ、やっぱり心のどこかで観たい気持ちもあったから、今回観る理由が見つかってようやく観に行きました。児玉さんがこの映画を出発点にすべきだと考えたのはなぜだったんですか？

児玉 ストレートなラブストーリーが以前に比べて有効じゃなくなったと言われて久しいこの時代に、きわめて純度の高い恋愛映画としてここまで広く受容されている社会現象に興味を持ちました。私には、恋愛以外の要素が一切削ぎ落とされているように見えたんですよね。

佐々木 ここまでヒットした一つの理由には、現代を代表する脚本家のひとりである坂元裕二の作品であることがまず挙げられると思うんですが、児玉さんはその点どうだったんですか？

児玉 もともと好きだったので、マスコミ試写に行くときも坂元裕二作品だから観ようという気持ちがまずありました。初めて観たときは、あのあまりにも坂元裕二的としか言いようがないオープニングがスクリーンで展開された瞬間に最も高揚しましたね。

佐々木 坂元裕二をこれまで観てきた人にとって、『花束みたいな恋をした』はどういう立ち位置の作品なんでしょう？

児玉 坂元裕二が脚本を書いた映画をスクリーンで観るのは今回が初めてだったんですけど、映画的な演出もなされていないように思えるし、映画というよりドラマを観ている感覚でした。坂元裕二の作品の中でもきわめて純度の高い恋愛映画として捉えたもう一つの理由がきっとそれですね。映画的だったとしたら、映画について考えはじめて、恋愛物語の方に意識が向かないから。

佐々木 僕が知人から聞いたのは、これまで『最高の離婚』や『カルテット』がそうであるように、わりと年齢層の高い世代の物語を描いてきたけれど、それが『花束みたいな恋をした』では一挙に若い世代にスライドした、と。近年の坂元作品においては、そこが異色ということになるんですかね。おそらく観客層もそのあたりが中心で、僕が勤めている大学の学生もほぼ間違いなく観ているくらいの感じです。

児玉 描かれている世代についてはたしかにその通りですね。上の世代は坂元裕二、下の世代は有村架純と菅田将暉の役者陣に惹かれて観に行っていたという感じなのかな。

佐々木 ひとつこの映画で考えておかなければいけないのは、恋愛の周りに膨大に配置されているサブカル要素ですよね。なんなら僕の名前が口にされてもおかしくない雰囲気さえある（笑）。サブカル的な意匠を作品に鏤めることは、いわばジャーナリズムや批評に餌をまく手法にも見えますが、そういうものが好きな人たちは多弁だから、SNSでも話題になりやすい。特に僕はほとんどの固有名詞が持っている意味をわかってしまうので、それらと物語を結びつけて考えてしまいがちなんですが、どこか罠に嵌っているような感覚にも陥りました。学生が言っていた最も極端な意見としては、実はサブカル要素はまったく重要ではなく、そこには作品の核心など一切ないので、固有名詞は別に架空の名詞でも構わないんじゃないかというものがありました。児玉さんは稀にみる映画人間だから、映画以外の固有名詞はどう機能したんだろう？

児玉 映画関連以外の固有名詞は何一つわからなかったです（笑）。

佐々木 （笑）。でもだからこそ純粋に恋愛映画としての構造が見えたはずなんですよね。僕はそうではないから、恋愛以外の要素を抜きにした場合と、恋愛以外の要素を込みにした場合の、二段構えで考えていかなければいけない。

サブカル的な意匠と「ドロっとした感情」

児玉 佐々木さんにとっては純度の高い恋愛映画ではなかったということですね。

佐々木 よくある男女の恋愛を描いた使い古された構図を反復しないためにサブカル的意匠を入れ込んでいるのだとしたら、語るに足らないということになってしまうわけです。観る前はそういう映画なのかもしれないと思って身構えていたのだけど、むしろそうではない何かを感じました。純度の高いラブストーリーとしての共感を集めているということと、サブカル勢がSNSで話題にしているということ、だからヒットしていると言ってしまうと、まあ浅はかなことになってしまう。もちろんそれはそれで正しいのだけど、それだけではないなんだかドロッとした感情が観終わった後に残ったんですよね。もっと言うと、あそこで描かれていた恋愛って、本当によくある恋愛なのかな、と思ったんです。

児玉 私は坂元裕二作品のなかでは『最高の離婚』が最も好きなんですが、そこにこんな台詞があるんです。「好きな人とは生活上気が合わない。気が合う人は好きになれない」。この台詞がまさに核心を突いていると思うんです。坂元的世界においては、本来は好きな人とは「気が合わない」はずなのに、『花束』の二人は「気が合う」と思い込んで好きになります。趣味が合うことは、気が合うこととは違うのにもかかわらず、です。つまり、実はまったく「気が合わない」二人だったんじゃないかということ。私にドロッとした感情が残ったとすれば、おそらくそのせいです。

佐々木 僕はテレビをまったく観ないので『最高の離婚』も知らないのですが、その台詞があったから『花束』ができたのはまず間違いないんじゃないかな。『花束みたいな恋をした』のタイトルの「花束」は、綺麗だけどいつかは枯れるということを表していますよね。恋はいつか枯れるというのがあの映画の本質なので、僕は若干揶揄を含んで『花束』をサブカル版『ラ・ラ・ランド』(二〇一六)と呼んでいます(笑)。恋人同士が何らかの理由で結局別れなければならなくなったけど、それは決して悪い思い出ではないという物語を日本のテン年代を舞台にして、サブカル要素を搭載したら『花束』になる。

ラ・ラ・ランド
↓P59参照

誰かと誰かが恋愛に至る理由が、どの程度真正なものなのか？という問いが、『花束』を観た後に最終的に残るものなのかもしれません。つまりそこには、趣味の一致が恋愛のトリガーにはなり得ても永遠の留め金にはならないというか、もっと言えば、本当に価値観や考え方が一致する人なんているのか、それも錯覚の一種なのではないかという問いが浮かび上がってくる。

児玉 サム・メンデスの『アメリカン・ビューティー』（一九九九）に、ビニール袋が延々と風に吹かれて舞い踊り続けるだけの自分で撮った映像を少年が少女に見せるシーンがあって、そこでは少年と少女がお互いに何か通じ合うものを感じ取るんですよね。一方、『花束』では麦が自分の撮ったガスタンクの映像を絹に見せるシーンで、絹は寝てしまうわけです。きっと彼らの会話で口にされていたエドワード・ヤンの『牯嶺街少年殺人事件』（一九九一）を観に行ったとしても、この二人はただ観に行くだけで、その後に感想を深く語り合うことはないんだろうと思ってしまう。少なくとも映画ではそういう部分は省略されているし、さらに結末近くでは、お互いがお互いに合わせるために嘘をついていたことも明かされます。

佐々木 若い男女がたまたま良いタイミングで出逢ってお互い容姿がタイプだったから一目惚れしたという推察も可能なんですが、趣味が一致したということを過剰なまでに前景化させて、そうではないかのように描いているのが巧妙でもあるし狡猾でもある。恋愛の始

アメリカン・ビューティー
↓P58参照
牯嶺街少年殺人事件
↓P207参照

まりから終わりまでが描かれている映画にある二つの問いは、「なぜ始まったのか」と「なぜ終わったのか」ですよね。表面的には趣味が奇跡的なほどに一致したからなんだけど、その趣味の一致には嘘と演技が含まれていたわけだ。出逢った瞬間から趣味がむやみと合っていたということは、始めからお互いにすり合わせていたのだとも言えます。すべて錯覚だったのかもしれないけれど、それが五年も続いたということは、錯覚し続けたい、錯覚させ続けたいという気持ちの上に成立していたんですよね。だとするならば、もしかして世の中の恋愛って全部錯覚でしかないんじゃないの？と思った次の瞬間に、でもそれの何が悪いのか、そういうものだし、そういうものだからいいんじゃないのか、って思えたとき、ちょっと感動してしまった。たとえすべては錯覚だとしても、そのことが否定されないということが普遍性なのではないかと。作中に、「別れよう」で別れられるのは半年までだって台詞があるけれど、ということは五年付き合ったということにも意味があるんだと思う。それにラストで二人の新しい相手が出てきても、決定的な違いがわからないというか、別れたことに必然性がないようにも見えます。この作品には、別れるという選択の結末と、錯覚のまま付き合い続けていくというもうひとつの結末が、等価に同居していると思うんです。でも後者だとドラマが終わらないから、とりあえず別れさせたと。

児玉　物語が別れた時点から始まっているにもかかわらず、ファミレスの外に出て二人が抱きしめ合う場面では、本気で復縁するんじゃないかと一瞬思いました。別れと結婚のふたつの選択肢が、どちらに鉛筆が倒れるかくらいの偶発性を醸し出していますよね。

佐々木 まさにそうです。結局は添い遂げられないような二人だったとも、別れた後も一番好きだった相手だともとれて、結果としてそこに可能世界のようなものがあって（笑）、色んなことを考えさせられるようになっています。リアリティのある設定に、フィクションの要素を織り重ねているというか。恋愛関係に潜む脆弱性や心許なさが露わになってきて、それが妙にリアルなんですよね。

坂元的主題としての「結婚」と「離婚」

児玉 この作品の核にあるのが普遍性だとして、それを高めたいのであれば交際の期間は三年くらいが妥当なのかもしれない。あえて五年を選んだということの理由の一つは、結婚という選択肢をより現実味を持って呼び込みたかったからなのかもしれないですよね。「結婚」と「離婚」は、坂元的主題と言えますし……。

佐々木 今テレビ放映している『大豆田とわ子と三人の元夫』も、題名からしてヒロインが三回離婚しているんですよね。婚姻制度の持っている「重さ」と「軽さ」への問いかけはあると思います。「結婚」未満で解消される物語が『花束』だった。ファミレスでの麦の台詞が「やり直そう」ではなく「結婚しよう」なのは、明らかに結婚の主題をそこに呼び込んでいます。

児玉 そこで麦は、いわば切り札として婚姻制度を利用しようとしているように見えた。当たり前ですが、この描写はこれまでの日本の同性愛映画を観ていてもまずありえない展開なわけで、異性カップルがそれによって自分たちの関係性を変容させようとしたり、維持しようとしたりすることにもし絹があのまま乗っかっていたとしたら、一定数の反感は買っていたでしょう（笑）。

佐々木 でも、別れそうなのに土壇場で逆転して結婚するというラストを観客は期待しちゃうんじゃないかな。キラキラ恋愛映画はそういう構造で作られていると思うんですよ。『花束』の場合、そうはしないところに意味があるのだと思うけど、とはいえその可能性もあったとほのめかしているのがうまいんですよね。たとえば黄金期のハリウッド映画では、観客が物語構造に乗っかって常に先の展開を予測していて、紆余曲折を経ながらも観客の期待通りの結末を出してあげるのが必勝パターンだったわけですが、もう今はそれが通じない。恋愛映画に限らずそういうドラマツルギーがかつてのアメリカ映画にはあった。けれどもたぶんニューシネマの後くらいからそういう紋切り型は受け入れられなくなってきて、むしろ観客の期待をひたすら裏切るような作劇が好まれるようになっていく。その行き着く先がバッドエンドなわけですが、今やさらにそれを裏返して、バッドエンドだと思って観ている観客にひょっとしたらバッドエンドじゃない可能性があるのでは？と匂わせておいて、引っ張ったあげくに実はやっぱりバッドエンド、というのがM・ナイト・シャマランなんですけど……（笑）。観客をどう効果的に裏切るのかという問題に直面した時に、ファミレスの場面をどう解釈するのかは重要ですよね。

児玉 麦はもう携帯ゲームの「パズドラ」しかできなくなってしまって、いわば思考停止状態なわけですよね。没個性化し思考停止している人間にああいう形で「結婚」という言葉を口にさせるというのは、もはや婚姻制度へ対するアンチテーゼとしか言いようがない。

佐々木 麦にとっては結婚するという重大な選択が、実のところは何も考えなくて済むための手段だったということですね。

児玉 リアリティという意味で言うなら、絹もあそこで「まあそういうもんなのかも」みたいな感じで、なしくずしに結婚してしまう展開もありのような気もするんですけど……。

佐々木 それこそ一番のサプライズエンディング（笑）。まあ、あそこで浮かび上がってくるのが人の心のミステリーですよ。なぜその恋愛が始まったのか、あるいはなぜ終わってしまったのかというクエスチョンに対して、多様な読みが結果として可能になっている。人間の心の複雑さと単純さとが両方描かれていて、現実の恋愛そのものだって、運命とも言えるし勘違いとも言える。そのどちらもが真実なのだということを恋愛映画を語る一つの視座として捉えたときに、同様のフレームで観れるのが『寝ても覚めても』(二〇一八)や『愛がなんだ』(二〇一九)なのではないかと思ったんですよね。

究極のエゴイズム――『愛がなんだ』

児玉 『寝ても覚めても』と『愛がなんだ』は、『花束』よりもさらに恋愛そのものがミステリーとなっていますよね。

佐々木 そう思います。でも意外に遠くないような気もする。この二作は恋愛感情が持つ脆弱さを強さに転化して描いているんだと思う。結局錯覚かもしれないけど、だからなに?という強さがある。『愛がなんだ』なんて、タイトルがすでに「愛がなんぼのものだ」と言っているわけですし。

児玉 それを結実させたような、小説を改変した映画オリジナルの結末はことさら素晴らしかったです。ここ数年でフェミニズムがますます活況を呈していますが、フェミニズム的な思想は恋愛の価値観にも流れ込みますし、もう傷つく恋愛は良くないから自分自身を一番大切にしようという考え方が重宝される。それは間違いないんですが、恋愛は自分を通り越して思ってもみなかったような、たとえばテルコのように、もはや相手になってしまいさえする絶対的な経験をしてしまうのが大事だとも思うので、この映画の突き

寝ても覚めても
監督:濱口竜介
原作:柴崎友香
脚本:田中幸子、濱口竜介
出演:東出昌大、唐田えりか

愛がなんだ
監督:今泉力哉
原作:角田光代
脚本:澤井香織、今泉力哉
出演:岸井ゆきの、成田凌、深川麻衣、若葉竜也

抜け方は支持したいです。

佐々木 ある意味、究極のエゴイズムとも言えますよね。彼女の一途な健気さが狂気と紙一重であることを象徴するのが「好きとどうでもいいの二種類しかない」という台詞だと思うんですけど、これは作品のテーマをずばり表していると思いつつ、相当やばいなと(笑)。あそこまでいくと、人が恋とか愛とか呼んでいるものと、彼女が自分を止められない理由はまるで異なるものなんじゃないかと思えてくる。異常な映画だと思うんですよね。あんな人に惚れられたら相手はたまったもんじゃないと思うけど、マモルはマモルで実はかなり変なわけで、そういう意味では『花束』のありきたりさというか普遍性とはぜんぜん違う。でも、そんな「普通」からはズレた二人の話を良い映画にするのが今泉監督の力量であり、岸井ゆきのの上手さだと思う。あの結末だって、テルコ自身きっと説明がつかないだろうし、そこから戻らないのがすごいです。おそらくテルコも、もう途中からこれが恋愛なのかどうかさえわからなくなっていますよね。

児玉 モノローグも「どうしてだろう、私はいまだに田中マモルの恋人ではない」から「どうしてだろう、私はいまだに田中マモルではない」に変化していきますからね。完全に錯乱状態です。

佐々木 マモルは彼女にとって、もう「他者」じゃないんですよね。だからマモちゃんに「なる」という欲望に転換してしまう。ある意味ではエゴイズムなんだけど、あそこまでエゴイズムを力強くやみくもに肯定してみせているのは見たことがない。キャスティングの成功は絶対ありますよね。これが岸井ゆきのでなく有村架純だったらわけわからないじゃないですか（笑）。

児玉 エゴイストであると同時に、マゾヒストでもあると思うんですよ。今泉監督の『くちばっか』（二〇一二）では、詩人ジョン・トライデンの「恋の苦しみは、あらゆるほかの悦びより、ずっと愉しい」という一節が引用されている。テルコにとっては、「苦しい」のがもはや「愉しい」ですらある。『花束』の絹とは、真逆と言える人物像ですよね。やはり絹は、きちんと自分自身と自分の人生を大切にする人だと思います。きわめて現代的なヒロインではないでしょうか。決して岸井ゆきのは絹を演じられないし、有村架純はテルコを演じられない。

佐々木 『愛がなんだ』では、マモちゃんの人物像も考えてみるに足るものだと思うんです。

児玉 そういえば岸井ゆきのばかりで、マモちゃんは眼中になかったです（笑）。

佐々木 マモちゃんって自己中なだけじゃないですよね。だって、マモちゃんが好きな人は江口のりこが演じているあのキャラクターなわけです。だからマモちゃんがだんだん複雑な人間に見えてくる。普通イケメンの俳優がイケてない人間を演じても、どうしてもイケメンにしか見えないけれど、後半になるとマモちゃんはマモちゃんで情けなかったりおめでたかったりけなげだったりして、マモちゃんとテルコが似た者同士に見えてくる。

くちばっか
監督・脚本・編集：今泉力哉
出演：佐藤睦、田村健太郎、川村ゆきえ、木下あかり

児玉 マモちゃんと彼の好きな人の組み合わせには、ズラしがありますよね。カップルがなんとなく醸し出している不釣り合いさやちぐはぐさは、今泉映画における可笑しみの一つだと思います。最新作の『街の上で』（二〇一九）の若葉竜也と穂志もえかもそうでしたけど、極端なところだと『こっぴどい猫』（二〇一二）のモト冬樹と小宮一葉とかも。しっくりお似合いではない組み合わせが味を出しているというか。

佐々木 『街の上で』で言うと、ズルイなと思ったのは、若葉竜也と穂志もえかがなぜ付き合ったのかを明かさなかったことだと思うんです。朝ドラ俳優をフッて彼を選ぶ話になっているのは、言ってしまえばファンタジーなわけでしょ。ああしないと映画にならないんですが、でもありえなくもないと思わせるのが上手いなあと。「映画だから嘘」と「映画なのにリアル」は二項対立ではなくて、同じ映画に共存し得る。今泉映画って「恋愛映画」ではなく「恋愛論映画」だと思うんですよ。恋愛がどういうものかを考えるためのディスカッション映画的なところがある。特に『mellow』（二〇二〇）はそうです。

児玉 『mellow』は具体的にどこでそう感じたんですか？

佐々木 『mellow』は「ありがとう、でもごめんなさい」という台詞があるように、告白して振ってもそれが関係性の終わりにならないんですよね。普通、片思いが描かれる恋愛映画では、告白が出発点にある映画と終着点にある映画があって、相手は必ずなんらかの返事をする。そこで物語が規定されてしまうわけだけど、その規定を道具として扱いなが

街の上で
監督：今泉力哉
脚本：今泉力哉 大橋裕之
製作：遠藤日登思 K・K・リバース 坂本麻衣
プロデューサー：髭野純 諸田創
出演：若葉竜也、穂志もえか、古川琴音、萩原みのり

こっぴどい猫
監督・脚本：今泉力哉
製作：手島昭一
エグゼクティブプロデューサー：小西亮一
出演：モト冬樹、小宮一葉、内村遥、三浦英

mellow
監督・脚本：今泉力哉
出演：田中圭、岡崎紗絵、志田彩良、松木エレナ

らも、もっと現実はいろいろあるんだよということを様々なパターンで見せている。

児玉　たしかに今泉映画は、つねに複数人で「恋愛とは」を語り合っているイメージがあります。これは特に『mellow』で感じたんですが、本来であれば恋人の好きな人や元恋人なんて、会いたくもないし知りたくないと思う人も多いはずなのに、なぜか今泉映画ではそこのハードルは最初から越えられてしまっていて、だいたい第三者が一対一の恋愛関係の場に介入していることが多いです。

佐々木　主人公の存在感があんまり強くなくて、一種の群像劇になっている作品が多い。リアリティがあるような、定番キャラを踏襲しているような、良い意味でのどっちつかずさがあって、物語が始まったときには予想もつかないような関係性が出てきたりして、そのせいで不思議な親密さが醸成されるんですよね。今泉監督は何を撮っても今泉映画っぽさがある。今泉さんが脚本を書いていない『his』（二〇二〇）でもそう感じました。男性カップルを描いた作品ですが、あれはどう思いました？

「普遍性」というファンタジー

児玉　スクリーンで鑑賞しながら、男性カップルが住民たちにカミングアウトする場面は素直に感動しました。ただよくよく考えると、年配の女性に「この年になったらもう、男も

his
監督：今泉力哉
脚本：アサダアツシ
出演：宮沢氷魚、藤原季節、松本若菜、松本穂香

女もわけわからんで、どっちでもええわ」と言わせるのは、年を取った女性は女性でなくなってしまうという見方や、「男も女も関係ない」とする過度な普遍主義に近づいてしまう部分もあるので、その意味で留保が必要な気もします。その後に続く「長生きせえ」だって、グッときますけどね。

佐々木 難しい場面ですよね。ムラ社会で抑圧されて差別を受けるというのはありきたりだから、そこをどう抜けていくのかが重要です。

児玉 差別的で酷い言葉を投げつけるようなわかりやすい「悪役」を登場させるのは陳腐だから、そういう映画はダメだろうと思っていたんですけど、ここ最近の自民党議員による「道徳的に認められない」といった数々の発言の報道を見るにつれ、でも現実にいるんだよな……と。

佐々木 『his』でも相手方の弁護士が不埒なことを言いますよね。それに対して彼らは「愛しているんです」と答えますが、「純粋な愛」が免罪符のように機能してしまい、先程の「この年になったら〜」と似たような構造になっていると思うんですよ。そうなると、好きになった人がたまたま男性だったということになる。同性だから軋轢や問題を生んでいるにもかかわらず。そこがあのムラの場面ではオミットされてしまう。

児玉 「純愛」は昔から同性愛映画にたびたび付されてきた惹句ですよね。現状の社会においてパートナーの相手のジェンダーによって生じてくる問題が異なるということは、美辞麗句で覆い隠すべきではないと思います。

佐々木　先日、ノンバイナリーとAセクシュアルの方を追ったNHKの番組を観たんですが、その方は仕事を辞めて、田舎に行って地域復興に励んでいた。ある日、必要に迫られてカミングアウトしたら、そこにいる老人たちは受け入れられないとかではなく、理解ができなかったんです。彼らはその人のことが好きだからこそ、それはおかしいよとかつい言ってしまう。でも、それがリアルだと思ったんです。それは偏見というよりも、慣習の問題なのであって、最初はそうなるに決まっている。むしろ「わかるわかる」とか言ったらそっちのほうがおかしいし、怪しい。だから「理解できない」から始まって、その人がそうであることにいつのまにか慣れていくことしか実際にはないのであって、その積み重ねしかないのだと思う。

児玉　ノンバイナリーやAセクシュアルと同性愛だと、現状の社会における認知度に歴然たる差はありますが、個人のみに還元される問題ではないのではないか、というのはまったくそうだと思います。

佐々木　つまり何が言いたいかというと、『his』は良い映画だけれども、感動のなかにモヤる部分があったんです。結局、いわゆる「普通」とされている異性間の関係と、そうじゃないものとされているものを一緒くたに包摂して、人間同士だからすべて一緒というのは、「正しい」かもしれないけど欺瞞ですよね。

児玉 同化か特殊化かという問題ですね。渚を演じた藤原季節さんがインタビュー記事のなかで、「同性愛カップルが主人公ですが、恋愛にしろ、家族愛にしろ、普遍的な感情が描かれていると感じました」と言ったインタビュアーに対して、「普遍的な感情というのは、僕らの視点であって、彼らのなかにはある意味存在していないと思うんです」と言ったことは、この映画を語る上でも重要だと思います。「あくまでも、同性愛者だから抱く好きという気持ちと、そこで直面する壁や苦しみを描いた」と。映画で性的マイノリティを演じた日本の役者が、ここまで考え抜いて自分の言葉で語った事例はそう多くない。

佐々木 「普遍的」というのは便利な言葉で、確かに理想ではあるかもしれないけど、現実に「普通ではない」とか「特殊」だとされてしまっている人たちには何の助けにもならない。二通りあると思うんです。「特殊」を「特殊」として肯定するか、「特殊」を「普遍」に解消することによって肯定するか。前者のほうが正しいと思いますが、理想はもちろん後者なんですよね。同性カップルが「普通」に祝福されるのは、もちろんそうあるべきですが、それはやはりファンタジーになってしまうと思う。ファンタジーをファンタジーっぽくなく描くことこそが難しいのかもしれないということを、『his』を観て思いました。

児玉 今泉映画では、登場人物の目線の高さにカメラの位置が合わせられている印象がありますが、『his』に関しては、長編劇映画のなかで唯一ラストシーンをかなり俯瞰で撮っていますよね。空間的な広がりが未来への希望を感じさせると同時に、そのまなざしの在り方がどこか客観性を醸し出しているようにも感じました。この映画もそうだったように、同性愛映画が公開されるたびに「同性愛も普通だ」というような言説が流れます。でも私は今の感情として、「同性愛も普通だ」と言う以前に、あるいはそれと同時に、「異性愛は普通ではない」と言うべきだと思っています。映画でそれをそうとわかるように描くとなると、後者のほうがずっと難しいかもしれません。

佐々木 愛の名の下にすべてが同じ権利を持つというのは今の現実を考えると嘘だし、理念的な、理想的な目標としてはそうかもしれないけれど、本当にそうなら最初から問題にされていないはずです。今泉監督自身は、性的マイノリティの題材を一人の映画作家として撮っているので、あそこまでしかできないという見方もできますよね。もちろん、かなり頑張ってくれているとは思いますが。

児玉 今泉監督だからこそのある種のニュートラルなまなざしは、多くの観客に間口を広げたという意味において功を奏したと思っていますが、それとは別に、ある種の限界もあるという見方もあるのかもしれないですね。『his』は男性同性愛を主題にした映画ですが、『mellow』や『鬼灯さん家のアネキ』（二〇一四）、『退屈な日々にさようならを』（二〇一六）では、女性同性愛（的な関係）も描いていています。そこに今泉監督の映画では、異性

鬼灯さん家のアネキ
監督：今泉力哉
原作：五十嵐藍
脚本：片岡翔、今泉力哉
出演：谷桃子、前野朋哉、佐藤かよ、川村ゆきえ

退屈な日々にさようならを
監督・脚本・編集：今泉力哉
出演：内堀太郎、矢作優

愛と非異性愛が垣根なく等価に描かれていくのではないかという希望を見出せます。ただ、その女性同性愛の内容自体をもう少し掘り下げてみると、たとえば今挙げた三作品はどれも制服を着ている女の子の片思いだったりする。つまり、日本映画において女性同性愛を描こうとなったときに、素朴に描くと、「百合」文化をスライドさせたような表象に見えてしまいかねないという問題はあると思いました。

性的マイノリティを描く難しさ

佐々木 『mellow』では、それが「恋愛映画」ということなのかもしれないですが、好きという感情以外のレイヤーや差別の構造は意識されていなくて、また映画の作りとしてその必要もない。そういう問題意識はあらかじめ排除されていると思うんですよ。『his』の場合は、もちろん題材そのものなので「問題意識」はあるんですが、ほんとうは異性愛の恋愛にもさまざまな変数が関与している。男女間の告白の返事がごめんなさいだと、そのあと友達になるのが不自然だけど、女性同士だとある種の幸福な共同体のようになっていくという描き方をしていますよね。現実にもそういうことはあると思いますが、批判の余地があるエピソードになっているのは事実ですよね。

児玉 だから、「今泉映画では男性同性愛も女性同性愛もどっちも描かれている」と言えるけれど、本当に「どっちも描かれている」わけではないというか。政治的な問題意識を明確に持った上で男性同性愛を題材として取り上げるのと、制服ものの女性同性愛をサブプロットに入れ込むのとでは、そこにはもちろん非対称性があると言わざるを得ない。それ自体が悪いわけではなく日本映画は本当に多いという話。先日観た『サマーフィルムにのって』(二〇二〇)でも、制服の女の子が同性に片思いしているとも取れるような挿話があって、きわめてどちらにも解釈可能な曖昧な感じになっていて……。いずれ『his』のような作風で女性同士の物語も今泉監督には撮ってほしい。

佐々木 そうしておけばどっち側からも批判の的にならないということなんでしょうかね。十年前と今の違いは、ジェンダーやセクシュアリティの問題が前景化されるようになったということじゃないですか。単に正しいということとその正しさをきちんと吟味することは、そもそも別の問題なはずなのに、何がセーフで何がアウトかの線引きだけ学習しやすくなってしまった。でもそういう時代とともに変化してきた社会的な規範の学習によって本当の問題が寧ろ見にくくなっているのではないかとも思います。もちろん『his』にも良いところはあるし、僕はぜんぜん嫌いじゃない、むしろ好きな映画ですが。そもそも、こうした問題への応援をきちんとやれている、しかも多くの人に観られるような日本映画が、果たしてどれだけあるのだろうか?

児玉 ここ最近、ますます日本でもある程度予算のある商業映画で性的マイノリティの物語が

サマーフィルムにのって
監督:松本壮史
脚本:三浦直之、松本壮史
出演:伊藤万理華、金子大地、河合優実、祷キララ

描かれるようになってきましたが、少しも引っかかるところがない作品は、あまり多くはありません。まず日本の映画界はきわめて男性中心主義であり、少なくない数の観客がこれまでそうした作品をいくつも観てきた結果として、単に当事者でなければ描けないということではないけれどやはりどこかで限界もあるんじゃないかと感じてきているのかな、と。

佐々木 『his』のように誠意を持って撮ったとしても、結局実感としてはわからないからあの撮り方しかできないというのはあるような気がします。ある意味でないものねだりではあると思うけど。

児玉 監督を「当事者」と「非当事者」の二分法で切り分けて捉える考え方もまた、問題含みだとは思いますけどね。「実感」の有無は作品にどう機能するんだろう。

佐々木 人と人が結ぶ関係はあくまで個別のものだけど、そうするといろいろ面倒なので、共通理解がある「恋愛」という言葉を無理やりあてているだけというか。そうやって平板的な理解をすることでなんとなく成立している人間関係の磁場があって、それは現実においても今のところはそうなのだと思いますが、本当はもっと複雑だし、だからしんどいのだし、だから豊かでもある。そういう複雑さや豊かさを描けている恋愛映画こそが、良い恋愛映画なのかもしれません。

『寝ても覚めても』の不気味さ

佐々木　『愛がなんだ』のヒロインと『寝ても覚めても』のヒロインは、思い込みの過剰なまでの強さという点で、ちょっと似ているところがあると思います。あのヒロインはどう思いました?

児玉　一言で言えば不気味です(笑)。『寝ても覚めても』は英題が『Asako I&II』なんですが、「一章、二章」という意味よりは、ヒロインである朝子の無表情で無機質な感じからそれがどうしても「朝子一号&二号」を表しているように思えてきます。

佐々木　その不気味さは、原作小説に強く潜在していたものです。柴崎友香は一見あまりエモーショナルではないというか、なにげなさやさりげなさのような感覚を巧みに描き出す作家で、恋愛小説と言える作品は『寝ても覚めても』くらいなんですよね。ほかの作品に関しては、恋愛要素はきわめて希薄です。だから『寝ても覚めても』は、彼女が書いたこれまでのところ唯一にして最強の恋愛小説と言ってもいい。この物語はヒロインがある男性を好きになり、その男が去った後に出会った別の男を前の男そっくりだと思いこむという話ですよね。小説は一人称で書かれているので、読者には二人の男が実際に似ているのかどうかわからないようになっています。でも映画ではどうしても顔を出さなくてはいけないので、東出昌大を一人二役にして、小説のトリッキーな要素は最初から無効化されている。原作小説に対する映画のアダプテーションをどう受け取るのかということがまずあります。でも僕が感心したのは、これは監督が男性であることともかかわってくると思いますが、あのわけのわからないヒロインを二番目の男がいかにして受け入れるのかという話にしているんですよね。映画の物語は前半が女性の視点で、後半は二番目の男がいわば主役になる。前の彼氏に似てるから自分を好きになって、その男が戻ってきたらそいつとよりを戻して、なのにまた戻ってくる、よく考えたら似てなかった、とか言い出して、さらにわけがわからない。恋愛感情の無根拠さと、それを無根拠なまま受け止める（しかない）という話になっている。

児玉 主人公が運命の人と運命的な出逢いを果たし、なんらかの理由でその運命の人がいなくなったあとにそっくりな人が現れて、そっくりな人のことを似ているという理由ではなく、その人自身として好きになっていく（と本人は思っている）……という恋愛のプロットのみを抽出すると、少女漫画の王道パターンなわけですよね。シネフィル的な作風が少女漫画さながらの恋愛要素を打ち消しているようにも見えますが、ここでの恋愛を紐解くのに重要になってくるのがラストシーンなのかなと思います。

佐々木 「きっとお前のこと一生信じられない」という亮平の決め台詞があるでしょう。あれは原作にもあるんですが、映画のほうが効果的だと思いました。亮平からしたらもう朝子は現れないと思っていたわけだから、ほとんどホラーですよね。このとき、観客にとっ

『寝ても覚めても』
監督：濱口竜介　脚本：田中幸子、濱口竜介
原作：『寝ても覚めても』柴崎友香（河出書房新社刊）
Blu-ray ¥5,830　DVD ¥4,180　発売中　発売元：バップ

ても朝子はヒロインではなくいわば他者になっている。にもかかわらず小説より映画のほうが少しだけハッピーエンドに見えるんです。あれは上手いなあと思いました。

児玉 本来であればまず麦がいてその後に亮平と出会うのだから、亮平は麦の代わりとして最初は存在していたはずです。なのにどういうわけか、亮平に対しては「麦ではない」という気づきが起きず、麦に対しては「亮平ではない」という気づきが起こる。この非対称性をどう考えるべきかに鍵があると思いました。

佐々木 朝子は一番目の男のために二番目の男を裏切り、二番目の男のために一番目の男を裏切るということを短期間でやってしまうわけで、亮平は受け入れられるはずないんだけど、おそらく受け入れるのだろうという結末をどう捉えるか、ですよね。

児玉 私は朝子と亮平はあのままずっと一緒に居続けると思うんですよ。濱口監督のインタビューを読んでいると、よく「他者性」という言葉と出くわす印象があります。受け入れがたい、信じられない相手と共存していくのは、究極的に他者性を引き受けて生きていくこと。「他者性」を重んじている作品にあって、あの結末は必然のように見えます。この映画の恋愛とは、「他者との遭遇」のことなのだと思います。

佐々木 その通りだと思う。亮平は朝子に押されて力尽きたようにも見えるし、それも一つの愛の形なのだという落としかたなのかなとも思いました。どこまでいっても他人だし、相手の心の内なんて結局はわからないという真理を過剰なまでに増幅させていくと『寝ても覚めても』になるんじゃないか。「不気味さ」は、最初から最後まで朝子が何を考えているのかよくわからないからだと思います。朝子には行動しかないし、しかもその行動の辻褄もつけられない。その時々の衝動に正直なだけとも言える。だから彼女の行動には一貫性がないように見える。物語は人間が作っているものだから、そこにはなんらかの一貫性や合理性があるはずだと思ってしまう。でも現実の物事は人間の意志さえしばしば一種の事故のようにして起こる。そうなると問題は、そんな相手を丸ごと受け入れるかどうかになってきて、亮平は朝子の不気味さを受け入れることを選ぶわけです。だから原作は終始朝子目線だけど、映画は途中から亮平の物語なんですよ。

児玉 朝子には行動しかなくて理屈も理由もないのは、必要ないからなのかなとも思います。朝子と麦は非人間的な人物として描かれていて、亮平は人間的な人物として描かれている。朝子はある意味で同種である麦とは、くっつくときも離れるときもほとんど直感的で大して言葉も交わしていない。対して亮平とはくっつくときも離れるときも丁寧に言語でコミュニケーションを積み上げていく。

佐々木 『愛がなんだ』は反語的なタイトルだけど、『寝ても覚めても』も意味深なタイトルで、寝ても覚めてもその人のことを考えてしまうのが恋愛だとして、でもそれってほんとうはどういうことなのか、という問いかけでもある。

ヒューマニズムを超えてゆく深田晃司――『本気のしるし』

児玉 紆余曲折あった二人がもう一度一緒にいようとなるものの、そこに不穏さが漂っているというラストは、『本気のしるし』（二〇二〇）とも綺麗に重なり合います。

佐々木 もしも『寝ても覚めても』を深田晃司が監督したとしたら、あのラストの先まで描いていたと思うんです。むしろその先を描きたいのが深田監督で、手前で止めたいのが濱口監督。深田監督はいつも日常から始まって、何か突発的な事件が生じた後、その日常性や関係性にどんな歪みがで生じていくかをロジカルに突き詰めていく。『さようなら』（二〇一五）なんてその極地で、原作ではそこまで描いてないのに、映画では死体が腐って消えてアンドロイドだけが残るところまで語ろうとする。ヒューマニズムを超えていくんですよね。そこが深田監督の持ち味だと思っていたんですが、『本気のしるし』は、わりと王道の恋愛ドラマの構造をきちんと踏まえつつ、ちゃんと彼らしさも失っていない。

児玉 深田監督は理性と道徳の作家だから、『本気のしるし』の原作漫画を誰もが楽しめるようにしながら、同時に色んな方面に配慮してアダプテーションしています。

佐々木 『寝ても覚めても』で視点がスイッチするという話をしましたが、『本気のしるし』も視点が交代しますよね。

本気のしるし
監督：深田晃司
原作：星里もちる
脚本：三谷伸太朗、深田晃司
出演：森崎ウィン、土村芳、宇野祥平、石橋けい

さようなら
監督：深田晃司
原作：平田オリザ
脚本：深田晃司
出演：ブライアリー・ロング、新井浩文、ジェミノイドF、村田牧子

児玉　最初は男性側の視点で浮世を奇妙な女性として捉えるんですが、浮世がどうしてとっさに嘘をついてしまったり、優柔不断だったりする人間になったのかが、次第に見えてくる構成になっています。既存の男性目線によるファム・ファタール像を覆そうとしているのが、明確に伝わってくるんですよね。

佐々木　今児玉さんが言ったことは、ある意味で『寝ても覚めても』への批判にもなっていますね。『寝ても覚めても』は、最後まで朝子の人物像をブラックボックスに入れたままに見える。そこが深田監督と濱口監督の大きな違いでもある。『寝ても覚めても』は「描かない」ことで観客に解釈を任せていますが、『本気のしるし』は「描きすぎる」ことで誤解の余地がない。それは深田監督の誠実さと生真面目さによるものだと思います。

児玉　二人の映画作家としての在り方が、そのまま作品にも移植されていますよね。

佐々木　僕は『本気のしるし』は『寝ても覚めても』へのアンサーだと思って観たんです。『本気のしるし』の結末はどう感じました？

児玉　両義的な結末は深田映画らしいですよね。私は初見時は素直に感動したんですが、『本気のしるし』のトークイベントに登壇したとき、一緒にいた白石晃士監督が「怖かった」と言っていたんですよ。見え方が真逆になることがあり得るのかと。

佐々木　僕も感動した派です。きょう語っている映画は、相手への思いの在り方がテーマになっていると思うんですけど、『本気のしるし』は前半が男が女を好きで、もっと知りたいけど謎が多すぎる。という構図。女の正体（？）が明らかになって男のほうがボロボロになって消える。すると今度は女に物語の視点が移って、彼女のほうが一途になる。壁に地図を貼って彼を探し出そうとする展開が、前半の構図を逆転させ反復している。そこに感動したんです。浮世が辻を見つけるのが最後のミッションになって、見つかったときにさてどうなるか、ということになる。『寝ても覚めても』と似たシチュエーションなんですが、辻が浮世に対して放つ「無理」がまったく意味合いが違うんですよね。ある意味で『寝ても覚めても』の亮平を言えなかったことを言っているようにも思えました。あとはやっぱり役者が良いんですよね。

児玉 『寝ても覚めても』も役者が重要で、唐田えりかと東出昌大のあの演技がないと成り立たないとさえ思いました。劇中、朝子が海を見つめているクロースアップのショットがありますよね。映画ではなにかを見つめている人物がいたら、次のショットでその対象を映す場合も多い。でもこのショットが切り替わると、海の風景ショットかと思いきや朝子の背中を映したショットになる。だから観客も役者を見つめ続けることになる。是枝監督の『万引き家族』（二〇一八）でも、音しか聞こえない打ち上げ花火があがっている空のほうを見上げる家族を捉えたショットがあるんですが、ショットが切り替わって彼らの視線の先を映したショットになるかと思いきや、少し距離を引いただけの同じ構図の家族のショットになる。そこで花火の存在を覆い隠す四角い建物だらけの空のショ

万引き家族
監督・脚本：是枝裕和
出演：リリー・フランキー、安藤サクラ、松岡茉優、城桧吏

ットでもいいはずなのに、もう一度家族のショットになり、そのシーンが終わるまで役者を見つめ続けることになる。それを思い出しました。

佐々木 濱口監督と深田監督は、俳優や演じることに対する考え方も違いますよね。

児玉 濱口監督の『親密さ』を去年あたりに初めて観たんですが、観ているときはほんの二、三年前くらいに撮られた映画だと思っていたんですよ。早稲田大学で開催されていた展覧会「Inside/Out 映像文化とLGBTQ+」の図録に寄稿しているライターの鈴木みのりさんが、その文章内でこの作品を取り上げていて、二〇一一年製作だと知って驚きました。今、日本でもようやくトランスジェンダーの役者の就労問題などが議論されるようになりましたが、もっと前に濱口監督はトランスジェンダーの役者を起用して、かつヒアリングもしてその人の体験を映画に反映させていた。鈴木さんはその役者の「角張った肩」という身体性に着目して明晰に分析なさっていました。『寝ても覚めても』でも、唐田えりかの無表情な顔貌や無機質な身体という役者自身が持っている生の素質に賭けているところはあると思います。

佐々木 濱口監督はドキュメンタリー映画作家でもあるし、「多様性」と改まって名指す必要もないというか、現にそうあるものとしての多様性に柔軟な作家だと思います。濱口監督も深田監督も今後の日本映画を代表する映画監督として、コロナ禍においてミニシアターを支援するためのプロジェクト「SAVE the CINEMA」に共に取り組み、同じ側に立

親密さ
監督・脚本：濱口竜介
出演：平野鈴、佐藤亮、伊藤綾子、田山幹雄

って戦っている同志ではあるけれど、リベラルな在り方という意味で似ている部分と異なる部分を両方持っています。ただ、どちらも目指すべきものはよくわかっている。『本気のしるし』は、良い意味で深田監督の見方を変えてくれました。突き詰めた物語性がある種の過剰さへと転化するのが持ち味だった深田監督が、エンターテイメント的な物語も適切かつ魅力的に処理できることを世に示した作品だったと思います。

児玉 本当にその通りですね。『本気のしるし』は、深田監督のこれまでのフィルモグラフィでは最も真っ当に「恋愛映画」然としている作品だと思いますし、深田監督自身にも直接そう伝えたことがあります。ただ、やっぱりよくよく観てみると「恋愛映画」の顔をしていながらも、そこには恋愛に対する根本的な疑いみたいなものが潜在している気がしますね。私が深田監督を映画作家として完全に信頼したのは『よこがお』(二〇一九)だったんですが、また女性の同性愛も描いてほしいですし、セクシュアリティに限らずとも、人間存在そのものを突き詰めた先の深淵を覗けるような恋愛映画を期待しています。

「恋愛」部分を超えていく映画

児玉 ここまで二〇一〇年代を代表する恋愛映画は『花束みたいな恋をした』、『愛がなんだ』、そして『寝ても覚めても』と『本気のしるし』の四本だろうという仮定のもとに

よこがお
監督・脚本：深田晃司
企画・原案：Kaz
出演：筒井真理子、市川実日子、池松壮亮、須藤蓮

話を進めてきましたが、他の作品についてはどうでしょう?

佐々木 一途映画でいうと、真利子哲也の『宮本から君へ』(二〇一九)は、愛情(?)が過剰すぎて我を失っているという意味では、『愛がなんだ』の主人公とも通じるところがありますよね。

児玉 『宮本から君へ』はたしかに一途な愛と言って間違いないですが、その愛と同じくらいの強度で憎しみが発露されているところに惹かれました。お互い明確に憎しみを禁じ得ない動機を抱えていますよね。それでも二人は一緒にいることを選ぶ。たとえば風景は土砂降りだけどそのなかで蒼井優が満面の笑みを浮かべているとか、愛と憎しみが同居していることが映像表現としても随所で立ち上げられているのがすごいなと。

佐々木 『愛がなんだ』は愛憎一体的な愛ではないですもんね。真利子監督の前作『ディストラクション・ベイビーズ』(二〇一六)は?

児玉 それが、『ディストラクション・ベイビーズ』は苦手だったんですよ……。ただ暴力が羅列された映画としてしか私は受容できなかった。『宮本から君へ』は、蒼井優がトイレで血の付いたティッシュを流すショットがほんの一瞬差し込まれるんですね。最初、それが月経の血に見えたんですが、のちに流産の血だったのだとわかります。蒼井優が誰の子を孕んだのかがわからないという謎がひとつ重要な映画なわけですが、そのたったひとつのショットに映る血がなんの血なのかによってまったく物語が変わってくるん

宮本から君へ
監督:真利子哲也
原作:新井英樹
脚本:真利子哲也、港岳彦
出演:池松壮亮、蒼井優、井浦新、一ノ瀬ワタル

ディストラクション・ベイビーズ
監督:真利子哲也
脚本:真利子哲也、喜安浩平
出演:柳楽優弥、菅田将暉、小松菜奈、村上虹郎、池松壮亮、北村匠海

だと気付いたときに面白いと思いましたね。

佐々木 それは『宮本から君へ』をおそらく暴力とか関係なく心理劇として観たってことなんでしょうね。魅力的な恋愛映画と言えるものは、恋愛部分をいつの間にか踏み越えてしまっているということなのかもしれない。そういう意味では、三宅唱の『きみの鳥はうたえる』(二〇一八)や冨永昌敬の『南瓜とマヨネーズ』(二〇一七)は、描写としてはそこまで強くないけど、僕、『きみの鳥はうたえる』がすごく好きなんですよ。

児玉 『きみの鳥はうたえる』は全員が理性的ですよね。頭で動いているがゆえに、距離が離れたり近づいたりしている印象がありました。『愛がなんだ』や『宮本から君へ』の主人公たちの「自分もどうでもいいけど何ならお前もどうでもいいんだ」くらいの人間の物語が私は好きなんだと思います。

佐々木 『南瓜とマヨネーズ』はかなり微温的だと思うんですが、どうでしょう?

児玉 最初は臼田あさ美がヒモ化している恋人に貢ぐのがなかなかしんどかったんですが、太賀が歌い始めた瞬間にすべてが理解できるという(笑)。『街の上で』の若葉竜也の歌声も同じで、彼女たちがそこまで貢いだりとか、人気俳優を振ってまで戻ったりとかする、その魅力はどこにあるのかが、あそこで少しわかる。……ような気になれる。

佐々木 最近まとめて日本映画を観ていたんですが、とにかく出演している俳優がかなりの作品で重なってるんですよね。あ、あのひとがここにまた出てる、みたいな。

きみの鳥はうたえる
監督・脚本:三宅唱
原作:佐藤泰志
出演:柄本佑、石橋静河、染谷将太、足立智充

南瓜とマヨネーズ
監督・脚本:冨永昌敬
原作:魚喃キリコ
出演:臼田あさ美、太賀、浅香航大、若葉竜也

児玉 俗に言う、蒼井優出過ぎ問題ですね。私は山下敦弘の『オーバー・フェンス』(二〇一六)の蒼井優が演じていた女性キャラクターが突き抜けていて大好きでした。

佐々木 その『オーバー・フェンス』と『きみの鳥は歌える』、『そこのみにて光輝く』(二〇一四)はいずれも故・佐藤泰志原作ですね。原作者が同じなのに、それぞれの監督の作家性が顕著に表れているプロジェクトですよね。

児玉 そうそう。『オーバー・フェンス』と『そこのみにて光輝く』は脚本家も同じ高田亮なんですが、まったく趣向の異なる映画になっています。

佐々木 『そこのみにて光輝く』のほうが、佐藤泰志の作品の雰囲気には近いと思うんですけどね。山下監督はどんな映画でも山下映画っぽくなるけど、『オーバー・フェンス』はきちんと線を引いている気がした。オダギリジョーが泣くシーンが印象に残っていて、すごく好きなんですよね。

児玉 映画のなかで男が泣くというのは、それだけで特別な意味がもたらされますよね。

佐々木 『マイ・バック・ページ』(二〇一一)の妻夫木聡もそうですが、山下映画の男の涙は「自責の涙」なんですよね。自分がどれだけ駄目か、自分自身に対しても虚勢を張っていたんだけど、あるとき不意に持ちこたえられなくなってしまう。誰かの前で泣いてみせるのではなく、関係ないところで泣いている。泣きたくないのに、それでも泣いてしまう、というか。山下監督に限らず、そういう涙のシーンが僕は好きですね。「泣かな

オーバー・フェンス
監督:山下敦弘
原作:佐藤泰志
脚本:高田亮
出演:オダギリジョー、蒼井優、松田翔太、北村有起哉

そこのみにて光輝く
監督:呉美保
原作:佐藤泰志
脚本:高田亮
出演:綾野剛、池脇千鶴、菅田将暉、高橋和也

マイ・バック・ページ
監督:山下敦弘
原作:川本三郎
脚本:向井康介
出演:妻夫木聡、松山ケンイチ、忽那汐里、石橋杏奈

い」ことの否定としての「泣く」というか。そこで泣くべきではないのにどうしても泣いてしまうというのが、泣くシーンのあるべき姿だと思います。多くの映画は、泣く演技を、観客を共感の構造へ誘き込むための便利な装置にしている。山下監督の映画は、そういうふうになっていない。

児玉　『オーバーフェンス』で最初、オダギリジョーは結婚指輪をどうしても外せない。対して奥さんは外すと言っている。そこでオダギリジョーは突然泣きはじめます。不意うちなのでなぜ泣いたのか戸惑うんですが、その後の心情をつぶさに追っていくと、これまでのことをひっくるめた「自責の涙」だということがわかるんですよね。

リアリティの層

佐々木　弱さを見せるというわけではなく、自分でもよくわからないうちに涙が出てしまう。男性監督が男性を描くとき、その人を映画のなかにどうやって「いさせて」あげられるかが重要だと思います。そのへんの匙加減というか、キャラクターをどんな男として存在させようとしているかの手つきが繊細だと思う。ちゃんと現実にいそうな人間に描けている。映画って現実にいる俳優を通して現実にはいない人を描いているから、その人物像は情報量に左右されるわけだけど、情報を与えれば与えるだけわかってもらえるわけでもない。山下監督は理論派の監督ではないけど、いつも「こんな男っていそうだな」と思える。

児玉 蒼井優とオダギリジョーが家でケンカする場面で、オダギリジョーが放つ「お前らが勝手に狂ったんだ」という台詞があるんですが、「お前」ではなく「お前ら」なんですね。おそらくオダギリジョーの元配偶者も含めた、もっと広い意味での「女性」へ向けられた、「男性」からの言葉になっているなと思ったんです。映画はそんな風に、ある意味で「傷つけられた女性」と「傷つけた男性」の広義の物語を立ち上げているように見えました。単純な男女の二項対立に陥りそうなところを、男性の涙の描写も使って、そうならないように巧みに回避しながら、もっと繊細に描いている。

佐々木 映画を観ながら物語が図式的だったり人工的だと思うことは結構あるけど、図式や人工的なのが一概に悪いのではなく、そうでもしないと物語にならないということもあって、むしろ問題は、そこにどういう気遣いがあって、それで何を語ろうとしているか、だと思うんです。そこをどう処理しているかは、監督によって違いますよね。その意味で、白石和彌の『彼女がその名を知らない鳥たち』(二〇一七)は、公開時は見逃してたんですが、今回観てみたらすごかった。まず蒼井優がスゴいんだけど、阿部サダヲも素晴らしい。

児玉 私は三回観て、三回泣きました(笑)。

彼女がその名を知らない鳥たち
監督:白石和彌
原作:沼田まほかる
脚本:浅野妙子
出演:蒼井優、阿部サダヲ、松坂桃李、村川絵梨

佐々木 あの終わり方は人工的な終わり方ですよね。阿部サダヲがあそこまで汚く描かれているのはすごいし、それで泣かされましたけど。白石監督が若松プロ出身で、その系譜の人だということもあるかもしれませんが、物語のつくりが往年のピンク映画やポルノ映画に近い。三十年くらい前ならピンク映画でやりそうだった設定が、現代日本の恋愛映画にはかなり入っていると思います。受け皿がないからかもしれないけど。『かの鳥』なんて、いかにもピンク映画でありそうな話ですよ。なんにも持っていない男が惚れた女にひたすら尽くして、性愛も描かれていて、でもとことん純愛というのが。

児玉 なるほど。そのあたりはこれから時代を遡って日本映画を観ていくと、さらに浮き彫りになっていくかもしれませんね。日本の恋愛映画といえば、行定勲監督は長らく「恋愛映画の名手」として活躍していますが、最近の『劇場』(二〇二〇)あたりはどうご覧になられましたか?

佐々木 『劇場』は又吉直樹原作ですね。原作は好きでした。構えとしては真っ向から恋愛映画をやっていますが、登場人物が「いそう」な感じがしなかったんですよ。映画は小説と違って生身の人間がやっているから、それだけでも「いそう」だと感じるはずなのに、むしろ観念的な気がしてしまった。これは河瀬直美の『光』(二〇一七)を観ても感じたことですが、リアリティの層が、行定監督にしても河瀬監督も、これまで挙げていた若い世代の監督とはどこか違うように感じます。自分の世界のなかだけで語っているとい

劇場
監督:行定勲
原作:又吉直樹
脚本:蓬莱竜太
出演:山﨑賢人、松岡茉優、寛一郎、伊藤沙莉

光
監督・脚本:河瀬直美
出演:永瀬正敏、水崎綾女、神野三鈴、小市慢太郎

うか、それが許されているというか。それはもしかすると、映画を信じられた世代ということなのかもしれない。自分の映画を一個の閉じられた世界として信じられるということは、おそらく現実認識とも関係がある。『劇場』や『光』のほうがドラマとしては強度があるのかもしれないですが、僕は監督の頭のなかを見せられているようで、ちょっと窮屈に感じてしまう。

児玉 私は映画を、映画的な作為性を楽しむために観ているところがあります。その人が「いそう」じゃなくても、全然構わない。

佐々木 『かの鳥』のラストをどう感じるかは、まさにそこで分かれますよね。

恋愛映画・女性映画・夫婦映画

児玉 さきほど『本気のしるし』でファム・ファタールの話が出ましたが、男性版ファム・ファタールを描いたとも言えるのが、山戸結希の『溺れるナイフ』（二〇一六）でした。山戸監督も今後の日本の恋愛映画を牽引していく若手監督の一人として期待できますが、どう思いますか？

佐々木 登場人物の炸裂するエモーションという意味では、他の映画を圧倒する力を持っていると思います。ただ、物語の進め方が良くも悪くも乱暴で、展開もさすがに荒唐無稽だ

溺れるナイフ
監督：山戸結希
原作：ジョージ朝倉
脚本：井土紀州、山戸結希
出演：小松菜奈、菅田将暉、重岡大毅、白石萌音

し、登場人物の心理に入っていけなかった。むろん、だから良い、あれにやられたという人もたくさんいるとは思いますが。

児玉 そういう意味では、東京に憧れて田舎の少女が自分語りをし続ける前作の『おとぎ話みたい』（二〇一四）のほうが物語的な荒唐無稽さはないので、人物の心理状況には入っていきやすい作品かもしれません。

佐々木 『溺れるナイフ』は、ジョージ朝倉のコミックが原作だけど、オリジナル以上に山戸結希的なるものを徹底して注ぎ込んだ映画と言えるかもしれない。

児玉 ちょっとここで変なことを言い出しますが、祭りでのたいまつの炎と小屋で寝そべっている小松菜奈がカットバックされるシーンは、自慰の比喩に見えました。炎が性的なメタファーになっているというのもそうなんですが、小松菜奈の恍惚の表情がバストアップショットで映し出されるのを見て、チェコ映画の『春の調べ』（一九三二）を想起したんです。この映画は初めて女性のオーガズムを描いたとも言われているんですが、印象がすごく似ていて、まだ若手である女性の俳優に直接的に自慰はさせられないから比喩的にやったのかと。そしたらその後、矢崎仁司の『さくら』（二〇二〇）で小松菜奈がくるみを使った自慰を披露していて、数年かけて見事に自分のなかで繋がりました。

佐々木 矢崎監督はそういう場面がほんとうに巧みですよね（笑）。大九明子の『私をくいとめて』（二〇二〇）や『勝手にふるえてろ』（二〇一七）は、話の構造としては恋愛映画ですが、

おとぎ話みたい
監督・脚本：山戸結希
出演：趣里、岡部尚、有馬和樹、牛尾健太

春の調べ
原題：Symphonie der Liebe Ekstase
監督：グスタフ・マハティ
脚色：グスタフ・マハティ
出演：ヤロミール・ロゴス、ヘディ・キースラー、レオポルド・クラマー、アリベルト・モーグ

さくら
監督：矢崎仁司
原作：西加奈子
脚本：朝西真砂
出演：北村匠海、小松菜奈、吉沢亮、小林由依

『溺れるナイフ』
発売中　©ジョージ朝倉／講談社　©2016「溺れるナイフ」製作委員会

むしろ「女性映画」と呼んだほうが正しい気がします。

児玉 山戸映画も大久映画も、自意識の強い主人公が自分語りをしていくことによって物語が進んでいくタイプの恋愛映画が多いですよね。『私をくいとめて』では、主人公が温泉宿で女性の芸人が絡まれているあたりでフェミニズム的な主張を最も露見させるシーンがありますが、少し「わきまえている」感じもしたんですよね。つまり、抑制しているというか……。

佐々木 吉住が出てるシーンですね。あそこは「わきまえている」とも言えるし、逆に悪目立ちしている感じもなくはなかったです。言わんとすることは全面的に同意しますが、ちょっと取ってつけた感じに見えてしまったかな。大九監督は映画を職人的に仕上げられる人だから、実はちゃんとした問題意識があっても、それをオブラートに包んでいるように感じられる部分があるのかもしれない。プロダクションとしてもかなり商業性が強いから、主張が見えづらくなっているところがあるというか……。西川美和はどうですか？

児玉 西川監督で恋愛映画と言える作品は、『永い言い訳』（二〇一六）くらいでしょうか？

佐々木 『永い言い訳』はタイトル通り、妻を失った男がずっと言い訳してるだけの映画なんだけど、夫が「妻」になっていく映画とも言える。死んだ妻が果たし得たかもしれない役割を自分がやるわけですが、それは贖罪ではない。死なれた後も、実は妻を深く愛していたことに気付くといったわかりやすさに逃げず、夫のダメさに徹底して寄り添ってい

私をくいとめて
監督：大九明子
原作：綿矢りさ
脚本：大九明子
出演：のん、林遣都、臼田あさ美、若林拓也

勝手にふるえてろ
監督・脚本：大九明子
出演：松岡茉優、渡辺大知、石橋杏奈、北村匠海

永い言い訳
監督・原作・脚本：西川美和
出演：本木雅弘、竹原ピストル、藤田健心、白鳥玉季

くという意味では、あまりないタイプの恋愛映画だと思います。

児玉 たしかに、パートナーを失った男同士が女性不在のまま子供を含めて一つの共同体を築きあげていく側面は興味深かったですね。ジャン＝マルク・ヴァレの『雨の日は会えない、晴れた日は君を想う』（二〇一五）も、妻を突然事故で亡くした男がまったく悲しめず、本当に愛していたかどうかもわからない……という、似たようなプロットで始まる映画なんですが、『永い言い訳』はなんだかんだ愛していたのだと結論づけないのが新鮮でした。

佐々木 さて、二〇一〇年代の日本の恋愛映画についてあれこれ話してきましたが、どこまでが恋愛映画と言えるのかというのは、答えの出ない問いだと思います。恋愛映画とメロドラマは、重なる部分もあるけれど、やはり違うわけじゃないですか。恋愛映画でメロドラマだと悲劇になるわけですが、主要登場人物の「死」によって観客を感動させようとする映画は最悪だと僕は思っています。映画が人の死をどう描くか、描けるかは重要な問題ですが、恋愛映画における「死」はどうしても安易なほうへ流れがちですよね。

児玉 明らかな感情発動装置が仕掛けられていると、興ざめするというのはありますよね。「恋愛」という事象自体、もっと自由で無数の可能性に開かれていると思うので、安易なファクターに寄りかからない、つねに新しい表現を観ていきたいです。

〈二〇二一年五月三〇日収録〉

雨の日は会えない、晴れた日は君を想う
監督：ジャン＝マルク・バレ
脚本：ブライアン・サイプ
出演：ジェイク・ギレンホール、ナオミ・ワッツ、クリス・クーパー、ジュダ・ルイス

第二章

多様化する恋愛像

二〇一〇年代の外国映画

キャロル
ハーフ・オブ・イット
はちどり
マリッジ・ストーリー
テイク・ディス・ワルツ
ロブスター
ラブストーリーズ
君の名前で僕を呼んで
ブルーバレンタイン
お嬢さん
ムーンライト

『ロブスター』

ハリウッドの十年と『ムーンライト』

児玉　まず始めに二〇一〇年代の日本の恋愛映画について話しましたが、二〇一〇年代の外国の恋愛映画を俯瞰するとき、さらに顕著に見られる傾向としてやはり典型的な異性愛の恋愛以外の可視性が一気に高まったことが一つ言えると思います。

佐々木　それはありますね。もちろんそういった作品は昔からあったし、近年になって突然製作されはじめたわけではないけれど、より注目されるようになってきた。社会や文化などの複合的要因はあるにせよ、その変化を誘引したメルクマール的な作品を挙げるとしたら何でしょうか？

児玉　私が観測していた範囲で言うと、「ゲイ・カウボーイ映画」と称されたアン・リーの『ブロークバック・マウンテン』（二〇〇五）の存在は大きかったです。二〇〇六年のアカデミー賞で八部門にノミネートされたにもかかわらず、結局そのときは作品賞を受賞するまでには至らなかった。単に作品の質の良し悪しだけでなく政治性が強く関わってくる賞レースの場において、同性愛を主題にした作品がそこで最も権威のある賞を取れなかったことは、よく覚えています。それ以前に『アメリカン・ビューティー』（一九九九）が作品賞を受賞していますが、この作品における同性愛のテーマは、あくまでサブプロットに含まれる程度でしたよね。それからおよそ十年が経って、同じく男性同性愛を描

ブロークバック・マウンテン
原題：Brokeback Mountain
監督：アン・リー
脚本：ラリー・マクマートリー、ダイアナ・オサナ
出演：ヒース・レジャー、ジェイク・ギレンホール、ミシェル・ウィリアムズ、アン・ハサウェイ

アメリカン・ビューティ
原題：AMERICAN BEAUTY
監督：サム・メンデス
脚本：アラン・ボール
出演：ケヴィン・スペイシー、アネット・ベニング、ゾーラ・バーチ、ウェス・ベントリー、ミーナ・スヴァーリ

いた『ムーンライト』(二〇一六)が再びアカデミー賞にノミネートされました。その授賞式を当時ライブ配信で観ていましたが、発表の場で手違いがあって『ラ・ラ・ランド』(二〇一六)の名前が読まれたとき、やっぱりそうかと少し落胆したので、その後本当の受賞作が『ムーンライト』だったとわかったときにはドラマティックで感動しました。佐々木さんの言う通り、『ラ・ラ・ランド』は、二〇一〇年代を代表する日本の恋愛映画として挙げた『花束みたいな恋をした』と対になる作品と言える重要な映画だとも思いますが。ともかくアカデミー賞にそこまで権威をもたせていいのかという問題は別としても『ブロークバック・マウンテン』から『ムーンライト』へという流れは、私にとって時代的な変遷を象徴する二〇一〇年代における画期的な出来事の一つでした。

佐々木 たしかに二〇一〇年代に大きな変化が起きたと思います。僕も『ムーンライト』は大好きです。あの映画は「変化」を象徴する最も重要な作品の一つですよね。かつては傍流であったようなサブジャンルやテーマがハリウッドのメインストリームに出てきたということは、それが商業的にも成功し得ると判断されたからで、これは観客層の変化とも無縁ではないですよね。

児玉 「レインボー消費」などと言われて特に二〇一五年前後から「LGBT」には市場があると見做されて急激に経済利用されていったことも彷彿とさせますが、「クィア映画」の主流化が起きるのは必ずしも良い側面だけはないですし難しいですよね。たとえばこ

ムーンライト
原題：MOONLIGHT
監督・脚本：バリー・ジェンキンズ
出演：トレヴァンテ・ローズ、アンドレ・ホランド、ジャネール・モネイ

ラ・ラ・ランド
原題：LA LA LAND
監督・脚本：デイミアン・チャゼル
出演：ライアン・ゴズリング、エマ・ストーン、ジョン・レジェンド、ローズマリー・デウィット

んな印象に残っている出来事があります。近年、日本では同性愛を描いた映画であっても、「ゲイ」や「レズビアン」といった直接的な言葉は伏せられ、「普遍的な愛」のような言葉で送り出されています。同性愛も異性愛と変わらない「普遍的な愛」なのだとするマジョリティ視点の捉え方であり、まだ獲得されてもいない「普遍性」という言葉で、現状の困難な状況を覆い隠してしまいかねない。むしろ「普遍的な愛」というような決り文句が、同性愛映画の目印にさえなってしまっている。その印象に残っている出来事というのは映画会社に勤める知人から聞いた話なんですが、『ムーンライト』を単に「アカデミー賞作品賞受賞の感動ラブストーリー」と捉えていたと思われる（主に男性の）観客が、「騙された」と同性愛嫌悪的な反応を劇場で示していたのを何度か見かけたらしいんです。

佐々木 あくまでも「アカデミー賞」で売りたいわけですね。何十年も昔から全然変わってない。実際、日本の観客は有名な国際映画祭での受賞や、海外でどれだけヒットしているかといった情報に弱いですからね。こうしたイシューに限らず、日本では昔から、なんらかの意味で論争になったり意見が分かれたり、今の言い方だと炎上案件になりそうなことは、宣伝では敢えて伏せることが多かったし、今も基本的には変わってないと思います。『ムーンライト』が日本で公開されたのはわずか五年前ですが、もう五年も経ったんだなとも思います。もしも今、『ムーンライト』が日本で初公開されるとしたら、むしろ「黒人」や「ゲイ」といった属性を押し出す可能性もあるんじゃないでしょうか。それは進歩である一方で、配給・宣伝側がその時々の世間の話題、ネットでトレンドになり得ることを利用しているに過ぎないという側面もある。映画の外側の社会の変化が、映画の供給のされ方、受容の在り方と密接に関係しているということだと思います。

児玉　近年のクィア映画の興隆についてもう一つ触れたいのは、「焼き直し」がキーワードなんじゃないかということです。今まで異性愛の枠組みで描かれていたようなラブストーリーが、そのまま非異性愛の枠組みで描かれる。しばしばクィア映画に対しては、「同性同士だから目新しいだけで、男女だったら凡庸すぎる」などの批判が向けられることがあります。でも、私は同じ物語を別の属性の人物で改めて描き直すこと自体にも価値があると思っています。いわばこれまでずっとマイノリティ属性は、自分の物語が奪われていたわけですから。

佐々木　登場人物の属性のことでいうと、『キャロル』（二〇一五）が仮に男性同士の恋愛の話だったとしたら、興行的にも批評的にもあそこまでは成功できていなかったかもしれないと思いました。映画からはズレてしまいますが、演劇ユニット「鵺的」が以前上演した『夜会行』という舞台には、レズビアンの女性五人が登場します。そのうちの一人の誕生パーティという設定なんですが、以前男性と付き合っていたことを難渋される人がい

キャロル
原題：CAROL
監督：トッド・ヘインズ
原作：パトリシア・ハイスミス
脚本：フィリス・ナジー
出演：ケイト・ブランシェット、ルーニー・マーラ

たり、その結果、妊娠した子供を産むか産まないかというエピソードがあったりして、かなり論争喚起的な感じで進んでいくんですが良い作品でした。

児玉 男性と関係を持ったレズビアンとかバイセクシュアル女性を寄って集って責めるなんて、『GO fish』（一九九四）がフラッシュバックしました……。

佐々木 でも、この劇団の主宰と作演出は男性なんです。客席を見渡してみると、おそらく出演された女優さんたちのファンだと思うんですが、男性客が多かったんです。劇団側の誠実さは作品内容に明らかですが、男性同性愛者のバージョンも演るべきだったのではないかと思いました。当事者でない限り、そうした作品を観るにあたって、観客の性別は大きな前提となります。百合やBLといったジャンルを受容する層は多様だとは思いますが、基本的に異性愛者が多いように思えます。『ムーンライト』が白人の女性だったら、あるいは『キャロル』が黒人の男性だったら、いろいろなことが違ってきてしまう。そんなことをずっと考えていたのですが、実はこの問題が『ハーフ・オブ・イット：面白いのはこれから』（二〇二〇）の感想に繋がっていくんです。

「今」を表すカミングアウト・ストーリー――『ハーフ・オブ・イット』

児玉 二〇一〇年代を代表する外国の恋愛映画を選出するにあたって、まず佐々木さんには

GO fish
原題：GO FISH
監督：ローズ・トローシュ
脚本：ローズ・トローシュ、グィネヴィア・ターナー
出演：グィネヴィア・ターナー、T・ウェンディー・マクミラン

ハーフ・オブ・イット：面白いのはこれから
原題：THE HALF OF IT
監督・脚本：アリス・ウー
出演：リーア・ルイス、ダニエル・ディーマー、アレクシス・レミール、エンリケ・ムルシアーノ

『ハーフ・オブ・イット』を観てもらったんですよね。

佐々木　これは日本映画ではなかなかやれないパターンの物語設定だとまず思いました。もちろんいわばテレビドラマ的な映像文法で撮られているので映画としての物足りなさはありましたが、そこを差し引いてもストーリーがとても良かったです。児玉さんはどう評価していますか？

児玉　監督のアリス・ウーの前作は、十五年以上前に撮られた『素顔の私を見つめて…』（二〇〇四）なんですね。これはレズビアンである中国系アメリカ人の女性を描いていて、いわゆる西洋的な王道カミングアウト・ストーリーという印象でした。中華圏の文化と欧米的な価値観の相克を巡るカミングアウト・ストーリーというところでは、アン・リーの『ウェディング・バンケット』（一九九三）あたりを思い出してもらえるとどんな雰囲気の作品か想像しやすいかもしれません。それを踏まえると、『ハーフ・オブ・イット』はものすごく「今」に映りました。

佐々木　『素顔の私を見つめて…』と『ウェディング・バンケット』の隔たりが約十年なので、その間の時代的な変化は、ちょうど『ブロークバック・マウンテン』と『ムーンライト』のあいだの変化に相当しますね。

児玉　二〇〇〇年代から二〇一〇年代への恋愛映画の変化を見る上で、アリス・ウーによるこの二作品の連なりは重要ですよね。『ハーフ・オブ・イット』は冒頭のオープニングで、

素顔の私を見つめて…
原題：SAVING FACE
監督・脚本：アリス・ウー
出演：ミシェル・クルージック、ジョアン・チェン、リン・チェン、パメラ・ペイトン＝ライト

ウェディング・バンケット
原題：喜宴／THE WEDDING BANQUET
監督：アン・リー
脚本：アン・リー、ニール・ペン、ジェームズ・シェイマス
出演：ウィンストン・チャオ、ミッチェル・リヒテンシュタイン、メイ・チン、ロン・ション

かつて一つの身体であった半身こそが運命の相手であり、私たちは人生で失った片割れを探し求めるのだ、と中国系のレズビアンの主人公エリーのナレーションが流れます。プラトン的な思想をロマンティックに感じさせながらも、突如「これはラブストーリーではない」と亀裂を入れる。とはいえ完全に恋愛映画としても観られるようになっていて、そこが恋愛に対して両価感情を抱える今の時代に耐え得る構えになっていると思います。

佐々木 あの前フリによって、観客にラブストーリー「ではない」ということが如何なることなのかを考えさせるように仕向けている。ちょっと啓蒙的だけどセンスの良いやり方だと思いました。

児玉 本当にその通りで、間違いなく知性に溢れた作品だと思うのですが、一つ気になったことがあって……。私はフィクションにおいてすべての性的接触に同意がなければいけないとはまったく思わないですが、エリーがラブレターを代筆してあげるポールと、彼が片思いするアスターがキスをした経緯について、アスターの意思はそこにあったのかと、エリーがポールに問いかける場面がありますよね。その時点で、この映画では性的同意が遡上に載せられる事柄になります。本作がティーン向けの映画であることに鑑みてもそこは大事なはずですが、にもかかわらず終盤でエリー自身がアスターに不意打ちにキスをするのは、脚本上の矛盾じゃないでしょうか？

佐々木　そこをもう超えているからなんじゃないですか？　何事につけ考え深く理性的だったエリー自身が、ふと衝動的な行為に及ぶ。頭で考えるのと気持ちの在り方は別、ということでは？　エリーがアスターにしたキスは、ポールがアスターにしたキスと要は同じなのであって、そのことが描かれているのだと思いました。

児玉　アン・ホイが製作した『花椒の味』（二〇一九）を最近試写で観たんですが、私はそのなかの次女をいくつかの仄めかしから、レズビアンだと捉えました。家庭の事情が複雑な異母姉妹が父親の逝去をきっかけに集まる物語なんですが、序盤あたりで次女が入浴しているときにほかの姉妹がのぞきにくると、次女がサッと身体を隠すんですね。すると姉妹は、「同じ女なのに」と言います。つまり何が言いたいかというと、異性間だとだめだとされている性的に関わることが、同性間の場合にはいいと軽視されがちな現状があるということです。アリス・ウー監督はオープンリー・レズビアンでもあり、そこらへんに対してコンシャスなはずではないかと思っているのですが。

自分が変わることの可能性

佐々木　なるほど。一方であのキスは、エリーにとって歴然とした意思表明の行為でもありますよね。「秘められた同性愛者の物語」というと、それが露見する瞬間がいつどのように

花椒の味
原題：花椒之味／FAGARA
監督：ヘイワード・マック
製作：アン・ホイ、ジュリア・チュー
脚本：ヘイワード・マック

してなのか、そして露見してからどうなるのかに主眼が置かれているわけじゃないですか。事前に内容を知らなければ、『ハーフ・オブ・イット』は主人公のセクシュアリティが途中までわからないようになっています。ポールの気持ちがエリーに傾いていき、エリーもまたそうなっていってもおかしくない展開でありながら、エリーがレズビアンだとわかって、ポールはキリスト教的倫理観で拒否反応さえ示してしまう。この映画で重要なのは、実はエリーではなくポールとアスターの二人のほうだと思うんですよ。エリーはほとんど揺らがないですが、二人は変化を迎えます。ポールは自分の知らなかった現実や世界のありようを認めて、自分自身を変えることを選ぶ。アスターは同性を好きになるなんて考えたこともない。アスターとエリーが一緒にお風呂に入るシーンは、そんなアスターとエリーの差異を伝えるためにあった。アスターもエリーの気持ちを知ったときは驚きますが、変化の兆しが芽生えます。だから終盤で「違う私なら……」みたいな台詞を言う。以前は考えもしなかった可能性に出会って、自分も変わることがあり得るのかもと思ったり、ある意味ではすでに変わっていると感じているようなさまに感動したんですよね。セクシュアリティが生来的なものなのか構築的なものなのか、その両方が掛け合わされて成立するものなのかという話題はどうしても終わらない議論になってしまいますが、『ハーフ・オブ・イット』は、人は変わることがあるし、変われるし、変わってもいいと言っている映画なんだと思います。これまでのセクシュアリティを巡る映画では、僕の印象では「変われなさ」への苦しみがとりわけ前景化されていたように見えていたんです。でもこの映画は、そうではない開かれた可能性を示している。副題の「面白いのはこれから」は、「これからどうなるのかわからない」という意味なんでしょう。

児玉　同性愛は、変われないし、自分で選択できるわけでもないから認められなければならないのだとする主張が反映されている作品が多かったということですね。今佐々木さんのお話を聞きながら、それとほとんど同じような感覚をおぼえた映画が、主人公の女性が一人の女性への感情を自覚するまでを描く『君は永遠にそいつらより若い』（二〇二〇）だったと思い至りました。それはもともとあったものに気付いていくと言ったほうが相応しいのかもしれませんが、散漫だった自分の心がさまざまな出来事を経てゆるやかに変わっていく物語ではあったと思います。

佐々木　『君は永遠にそいつらより若い』は津村記久子の原作小説が大好きで、ちょうど試写を観たばかりだったので、その感覚は共感できます。僕の事務所に以前いた既婚者で男性の通訳が、かなりのホモフォビアだったんですね。それは自分でも認めていた。ところが、日本在住のアメリカ人のゲイのミュージシャンと仕事することになって、だんだんゲイを理解できるように変わっていったんです。彼自身もちょっと驚いていた。だから、人は変わろうとして変わるだけではなく、時として自分の意思とは無関係にいつの

君は永遠にそいつらより若い
監督・脚本：吉野竜平
原作：津村記久子
出演：佐久間由衣、奈緒、小日向星一、笠松将

まにか変わっていることがあるのだということを肯定しないと、生まれ持った条件や環境が強いる要請に縛られ続ける物語が横溢してしまう。そんな物語にも良いものはたくさんありますが、僕は変化の物語をもっと観たいんです。

児玉 『ハーフ・オブ・イット』は、アメリカで暮らす中国系のレズビアンというこれまで映画において描かれてこなかった複数のマイノリティ性をもつ人物を主人公にしていますが、多くの観客を包括し得ていますよね。

佐々木 人種やセクシュアリティに対する多様な視座を提示していて、アメリカ映画に急速に増えてきたポリコレ的な作品でもありますが、これからもアリス・ウーが撮る映画は観ていきたいと思いました。

「悲劇的」に描かれることのない同性愛――『ブックスマート』と『はちどり』

児玉 アリス・ウーのように、才能ある女性の監督のキャリアに十五年もの空白があるというのは、最近日本でも何度も特集上映が組まれて高く評価されているケリー・ライカートのことも思い出しますよね。彼女も第一作から二作の間に十年以上の空白がある女性の監督です。これも女性の若手監督の映画なんですが『ブックスマート　卒業前夜のパーティーデビュー』(二〇一九)は、『ハーフ・オブ・イット』を語るにあたって引き合いに

ブックスマート　卒業前夜のパーティーデビュー
原題：BOOKSMART
監督：オリヴィア・ワイルド
脚本：エミリー・ハルパーン、セーラ・ハスキンズ、スザンナ・フォーゲル、ケイティ・シルバーマン
出演：ケイトリン・デヴァー、ビーニー・フェルドスタイン、ジェシカ・ウィリアムズ、リサ・クドロー

出されやすい作品だと思います。さきほどセクシュアリティが秘められているかいないかの話が出ましたが、『ブックスマート』はすでにカミングアウト後のレズビアンのティーンが出てきます。

佐々木　同性愛の物語を悲劇的にだけ描く時代はとうに終わったということを端的に示す作品ですね。

児玉　しかしレズビアンのティーンが出てくる明るいコメディ調の『ブックスマート』のような学園映画が、日本ではなかなかパッと思いつかないんですよね。安藤モモ子監督の『カケラ』（二〇〇九）はポップなコメディだけどティーンではないし、安藤尋監督の『blue』（二〇〇二）はティーンだけど感傷的なトーンでしたし、そもそもレズビアンだと明示されずに曖昧なことが多いので……。

佐々木　女性監督繋がりでいえば、『はちどり』（二〇一八）のキム・ボラは、韓国映画の文脈の外に出ても、すぐに撮っていけそうな作家だと思います。韓国社会固有な問題を描いていますが、ニュートラルな視点があって、そのニュートラルさが逆にエモい。情の表出を強く押し出しがちな韓国映画のパターンから考えると、かなり引いたスタンスでクールに撮っている。

児玉　『はちどり』はこれまで何度か見返しているんですが、そのたびに不思議な魅力を発見できる映画なんですよね。主人公ウニが通う漢文塾のヨンジ先生が「世界は不思議で美

カケラ
監督・脚本：安藤モモ子
原作：桜沢エリカ
出演：満島ひかり、中村映里子、津川雅彦、かたせ梨乃

blue
→P194参照

はちどり
原題：벌새／HOUSE OF HUMMINGBIRD
監督・脚本：キム・ボラ
出演：パク・ジフ、キム・セビョク、チョン・インギ、イ・スンヨン

しい」と語りますが、まさにウニにとって世界が不思議に映っているように、私たち観客にとっても映画が不思議に映るようになっています。

佐々木 不思議と言えば不思議な映画ですよね。後半にならないと何を描こうとしているのかさえわからない。先の見えなさと主題性が実は結びついていることがラストの展開になって初めて明らかにされるのも、きわめて巧妙だと思いました。

児玉 私が『はちどり』を恋愛映画として観たのは、ヨンジの存在があったからです。もちろん実際には、ウニは同世代の男子や女子と恋をします。でも、ヨンジに対する憧憬には、恋に近い感情さえ内包されているように見えました。そしてそれが、彼女のセクシュアリティにとって大きな意味をもたらしているのだと思う。

佐々木 憧れや尊敬のような感情は、恋とほとんど区別がつかないこともあると思います。でも今の時代は特にそこは区別すべきだという風潮がある。あの先生が同性ではなく異性だったとしたら、途端に作品自体が成立しなくなってしまう。さきほど児玉さんが言っていた、異性間ではデリケートな問題が同性同士なら許容されてしまうのはいいのかという問題とも関連してくるかもしれません。本当は同性同士でも権力構造はあるはずなのに、まだそこまではいっていないという見方もできるのかなと思います。

児玉 『ムーンライト』でも、『はちどり』におけるヨンジのようなメンター的存在として、主人公のシャロンが麻薬売人のフアンという男性と親しくなっていくじゃないですか。

『ムーンライト』のほうが、もう少しわかりやすく彼との関係がほのかな初恋の思い出のように描かれているような気もします。つまり、ゲイのシャロンにせよ、バイセクシュアルのウニにせよ、彼らのような存在と幼い段階で出会えたことが、非異性愛的なセクシュアリティの形成に重要な関わり方をしていると読めますが、それはやはり同性であったからこそだと思います。

佐々木　そのあたりを『ムーンライト』と比較してみると、やはり『はちどり』は視点が引いている分、観客側が深く突っ込んでいかないと摑めないところがあるということなんでしょうね。そう言われてみると、そこは両作における共通点だと思います。『はちどり』は「恋愛感情」を、それ以前の「不思議な感情」として捉えているところが素晴らしい。

児玉　ウニが男子とも女子とも恋仲になるのは、ややもすると「思春期の一過性の気の迷い」のような偏見で解釈されかねないですが、そこはキム・ボラがウニを「バイセクシュアル」と明言していて私は好感を持ちました。常々バイセクシュアルこそ表象上で抹消されていると感じているので……。表象されにくい属性でしょう。

佐々木　僕は誰もがほんとうはバイなのだと思っています。でも、『ハーフ・オブ・イット』とも繫がるんですが、青春時代を舞台にしないと描けないことがあって、他者との関係性がまだあまり固定化されておらず、いまだ流動的で可塑的だからこそ自由や切実さを描ける場合もあるとは思います。セクシュアリティは本来、永続的なものとは限らないはずですが、それを前提にすると余計にわかりづらくなってしまうから、とにかく明言しておかなければならない。ただ、性的マイノリティを描くにあたって、そこに生じる問題を明瞭に剔出することが作品自体の動機だったり評価の軸にされることもあるわけで、そこは難しいですね。

当事者性の抑圧

児玉 セクシュアリティが流動的であることを同時に認めつつ、社会が追いつけていない以上は、あえて複雑で曖昧なことは痛みを伴いながら捨象して、主にマジョリティに向けて「わかりやすい」アイデンティティ・ポリティクスを実践する必要があった。それが映画文化やそれを取り巻く言説にも反映されていると。

佐々木 それが二〇一〇年代だったんじゃないでしょうか。ほんとうはアイデンティティ・ポリティクスの戦略のもとで物語を描かなくても済む社会であったほうがいいはずなんですが、日本社会はそんな議論よりずっと手前で右往左往しているとも言えますから。ただ、一部では運動が先鋭化しているために、作品にまつわる炎上が起きることも多くなっています。自分と違う立場や属性の人間に寛容であることがすなわち「負け」になるのが今のニッポン社会だと思うんですが、これは両側に言えて、マイノリティへの隠然たる差別感情が払拭し得ないのと同時に、悪しき意味での「当事者性」による抑圧も強まっている気がします。あるイシューにかんして、当事者によるドキュメンタリー映画が増加傾向にあるのと両軸で、非当事者によるフィクション映画も増加していっていいはずですが、当事者以外は作るべきでないという風潮になってしまうのは問題だと思います。

児玉　当事者性が絶対視されすぎた先にあるのは、新たな分断だとは思います。そして、日本映画界には、というよりもそれはそのまま日本社会の問題でもあるわけですが、カムアウトできる土壌がまだまだ十分に築かれていないにもかかわらず、カムアウトをクローゼットの作り手に強いる圧力へとなり得てしまう。そもそも「当事者」であったとしても、公言がかなわずに「非当事者」として見做されてしまっているケースがあるというのは、今、私が身をもって感じていることです。ただ、これまでの「非当事者」による映画がいかに描けてこなかったかという過去の積み重ねからくる諦念や、「当事者」にいかに語らせてこなかったかという反省もまた軽視したくないですね。

夫婦と恋愛──『ラブストーリーズ』『テイク・ディス・ワルツ』『マリッジ・ストーリー』『ブルーバレンタイン』

児玉 さて、恋愛映画には恋人同士の関係だけでなく、その延長として夫婦関係も含めて然るべきだと思います。とりわけ恋愛要素が重要に絡む二〇一〇年代の代表的な夫婦映画として、『ラブストーリーズ』(二〇一三)、『テイク・ディス・ワルツ』(二〇一一)、『マリッジ・ストーリー』(二〇一九)、『ブルーバレンタイン』(二〇一〇)あたりが挙げられるかと思います。

佐々木 恋愛映画が恋愛を描くにあたって大きなモーメントになるのは、「結婚」だと思うんですよ。児玉さんが今挙げた映画では、どれも夫婦の関係性をどれだけ維持できるかが問題化されています。そういった映画における結末は、それぞれの道を歩むパターンと紆余曲折を経てもう一度元サヤに戻るパターンのどちらかしかなくなりますよね。かつての黄金時代のロマンティック・コメディだと、ほとんどが元サヤに戻るパターンで、つまりそれがハッピーエンドだった。で、どうしてそこが変化してきたかというと、要するに現実がそうではなくなったからですよね。アメリカは離婚率が非常に高いし、これは他の先進諸国にも多く見られる傾向で、日本でも離婚は増えている。だから元サヤに戻るパターンにするなら、よっぽど巧妙に作り込まなければリアリティがない。そして夫婦関係を維持できなくなる最大の要因は、子供です。たとえば『ラブストーリーズ』

ラブストーリーズ　コナーの涙
原題：THE DISAPPEARANCE OF ELEANOR RIGBY: HIM
ラブストーリーズ　エリナーの愛情
原題：THE DISAPPEARANCE OF ELEANOR RIGBY: HER
監督・脚本：ネッド・ベンソン
出演：ジェームズ・マカヴォイ、ジェシカ・チャステイン

マリッジ・ストーリー
原題：MARRIAGE STORY
監督・脚本：ノア・バームバック
出演：スカーレット・ヨハンソン、アダム・ドライヴァー、ローラ・ダーン、アラン・アルダ

ブルーバレンタイン
原題：BLUE VALENTINE
監督：デレク・シアンフランス
脚本：デレク・シアンフランス、ジョーイ・カーティス、カミ・

は子供が亡くなった夫婦の物語で、『テイク・ディス・ワルツ』は片方が気乗りしないために子供を作れない物語、『ブルーバレンタイン』は父親と血縁関係にない子供がいる物語です。つまり、「子はかすがい」が全然機能していない。このように大枠で捉えると筋の展開はある程度決まってしまっているので、そうなるとディテールを楽しむしかないところがある。ハリウッド黄金時代のロマンティック・コメディは紋切り型を観客もわかったうえで楽しんでいた。婚姻・妊娠・出産という一連の厄介な問題に行くより前の青春映画のほうがよりバリエーションを持たせられるのが、今の時代だと思いました。

デラヴィン
出演：ライアン・ゴズリング、ミシェル・ウィリアムズ、フェイス・ワディッカ、マイク・ヴォーゲル

児玉　最近観た『先生、私の隣に座っていただけませんか？』（二〇二一）も、結末について触れてしまいますが危機に直面した漫画家の夫婦が最終的に別れることになります。途中でもしかしたら元サヤに戻るのでは？と素直に騙されつつ、どう考えても別れる結末にしかできないような時代的要請があると感じました。

佐々木　『先生、私の隣に座っていただけませんか？』は、二十年前だったら元サヤに戻すストーリーになっていたと思うんですよ。別れるか元に戻るかという選択肢が、物語の必然性とは別の次元にあるようにも思えてきて、その時代の趨勢に合わせているに過ぎないとも言えますよね。

先生、私の隣に座っていただけませんか？
監督・脚本：堀江貴大
出演：黒木華、柄本佑、金子大地、奈緒

児玉　やはりそこは女性の問題、つまりフェミニズムの視座が大きく関わってくるんでしょう

ね。女性が主体性を獲得して自己の人生を選べるようになった時代、あるいはそうなっていかなければならないと主張する時代においては、当然ながら家父長制を温存させる婚姻制度から出ていくべきとする向きが強まる。

佐々木 それはそうですよね。『先生、私の隣に座っていただけませんか？』を例にとると、夫に裏切られていた以上、妻はそれを許して元サヤに戻るわけにはいかない。僕は夫に裏切られているかどうかを引っ張らずに、序盤で明らかにしてしまうところに今っぽさを感じました。つまりあれは、いかにも不倫していそうな夫が実際に不倫していたということですよね。昔だったらヒネりがないと思われたかもしれませんが、今や観客は意外性に、物語が転倒することに慣れすぎていて、あえて転倒しないことで驚かせるというドラマツルギーが近年顕著だと思うんです。前にも挙げましたが、いつも僕が思うのはM・ナイト・シャマランですね。彼の映画は意外性を売りにしてたわけですが、次第に観客が先回りするようになると、もっとも意外でない結末がもっとも意外になる(笑)。それはそうと、今の時代は、フィクションのなかでの描き方が作り手の態度表明とイコールにされがちなので、即物的に批判される危険性を回避しようとすると、どうしても無難になってしまう。

結婚以前／以後、そして子供を得ること

児玉　『テイク・ディス・ワルツ』に話を戻しますが、佐々木さんのお話を聞きながら、私は子供という観点が抜けていたことに気が付きました。『テイク・ディス・ワルツ』も、恋愛感情の鮮度というテーマでしか観ていませんでした。

佐々木　ミシェル・ウィリアムズが何を求めているのかということだと思うんですよ。児玉さんは夫婦になる以前のときめきのようなものだと捉えていますよね。僕は、夫婦関係を結んだ後に起こるべきことがいつまでたっても起こらないという焦燥感が『テイク・ディス・ワルツ』を駆動させているものだと思いました。ヒロインはそれが何なのかはっきりとはわかっていないのだけど、とにかく何かが足りない、重要なものが欠けていると思っていて、夫の後に恋人になる男は、それを見抜くわけです。

児玉　私は恋愛感情の賞味期限が切れるたびに次の相手と付き合って、それがひたすら繰り返される、恋愛という空虚な所業の映画だと解釈していました。

佐々木　そういえば『レミニセンス』（二〇二一）はSF映画ですが恋愛色が強くて、ヒュー・ジャックマンが一人の女性にとことんこだわりますよね。

児玉　たしかにあれこそ、絶頂の恋愛感情を永遠に繰り返し続ける物語でしたよね。ストーリーの詳細は端折りますが、ヒュー・ジャックマンが過去にタイムスリップできる装置を使って、いわば定点的な恋愛をずっと味わい続ける映画ってことでしょう。恋愛感情を

レミニセンス
原題：REMINISCENCE
監督・脚本：リサ・ジョイ
出演：ヒュー・ジャックマン、レベッカ・ファーガソン、タンディ・ニュートン、クリフ・カーティス

色褪せないまま維持していたい人間の欲望の底知れなさを土台にした作品かもしれない。

佐々木 恋愛感情をいつまでも味わっていたいという欲望のループがどこで終わるのかというと、それはやっぱり子供だと思うんです。子供が生まれたら恋愛は終わるけど、そこから新たな問題が描かれていく映画は山ほどある。『テイク・ディス・ワルツ』は、ミシェル・ウィリアムズが結局妊娠しなかったということが重要なんじゃないか。婚姻と子供を得ることが矢印で結ばれて重要視されているので、そこに断線が走るとドラマが生まれる。そういった映画が今も内外で数多く作られていることを思うと、いかに黒沢清が貴重かと思い至ります。

児玉 ここで黒沢清！　佐々木さんはずっと黒沢映画についてそう主張なさっていますよね。

佐々木 アメリカの夫婦映画を数本立て続けに観て、子供を授からない夫婦を描き続けながら（もちろん例外はありますが）、そのことを一切問題化しない黒沢清がますます際立って思えてきました。初期の『ドレミファ娘の血は騒ぐ』はある意味で純粋恋愛映画とも言えますが、そもそも黒沢映画では「恋愛」は主題として前景化されない。夫婦愛を描いていると言える『岸辺の旅』（二〇一五）や『散歩する侵略者』（二〇一七）も、恋愛ではなく信頼の物語になっている。例外は『ダゲレオタイプの女』（二〇一六）ですね。でもあれも「恋」というより妄執の物語かもしれない。万田邦敏監督の『Unloved』（二〇〇二）や

ドレミファ娘の血は騒ぐ
↓P169参照

岸辺の旅
監督：黒沢清
原作：湯本香樹実
脚本：宇治田隆史、黒沢清
出演：深津絵里、浅野忠信、小松政夫、村岡希美

散歩する侵略者
監督：黒沢清
原作：前川知大
脚本：田中幸子、黒沢清
出演：長澤まさみ、松田龍平、高杉真宙、恒松祐里、前田敦子

ダゲレオタイプの女
原題：LA FEMME DE LA PLAQUE ARGENTIQUE／THE WOMAN IN THE SILVER PLATE
監督・脚本：黒沢清
出演：タハール・ラヒム、コンスタンス・ルソー、オリヴィエ・

『接吻』（二〇〇六）は、まぎれもない恋愛映画ですが、そこでの恋はいわば宗教的というか、神の啓示のようなもので、恋愛の只中にあるあいだは身も心も囚われているが、そこから抜けた途端に錯覚だったことに気付く。なぜ人はそんなに愚かなのか。そしてその正解は、ＤＮＡに種の保存のプログラムが組み込まれているから、再生産のために錯覚が必要なわけです。最近の日本では、そのプログラムが急速に弱体化していることが問題になってきてますが。そこで、そんな身も蓋もないことが正解でも、人は恋愛という不合理に身を投じ、時には命さえ賭ける、という愚かさと裏腹になったまぎれもない切実さ、かけがえのなさ、を描いてほしいわけです。『テイク・ディス・ワルツ』のような恋愛の在り方が一般的だと思うんですよ。短命な恋愛を維持するために婚姻制度があるわけで。でも制度は制度でしかなく絶対的な義務ではないから、またループに戻る。今、話してきたのは異性愛の文脈ですが、ことほど左様に、もはやそれでは型に嵌った物語しか描けなくなってしまった。だからまだ描けることがありそうな同性愛に流れていっているという側面もある気もします。

ポリアモリーを描く映画

児玉　さきに異性愛で描かれていた物語が同性愛で「焼き直し」されているとお話ししました

グルメ、マチュー・アマルリック

Unloved
↓Ｐ178参照

接吻
監督：万田邦敏
脚本：万田珠実、万田邦敏
出演：小池栄子、豊川悦司、仲村トオル、篠田三郎が、それは今まで物語を奪われていた人たちに物語を返していかなければいけないからなんだという言い方に留めたのは、もう異性愛の枠組みで描けることが枯渇してしまったから、新規性を求めてそこに行き着いたに過ぎないという言い方に抵抗があったからでした。

佐々木 現段階では異性愛で描かれてきた物語を同性で語り直すことには意義があると思います。でもそうすると、やがては異性愛映画と同じ状況に陥っていきますよね。たとえば、異性愛、同性愛問わず支配的なのは、モノガミー規範ですよね。性的欲望の対象は基本的に固定されていて、それは欲望のレベルでも規範のレベルでも揺るがない（のがよいとされる）。ポリアモリーを描いた映画ってあるんですか？

児玉 ポリアモリーを描く映画はまだ少ないですよね。わりと衝撃的だったのですぐに思い出せる近年の作品は、『テイスト&カラー』（二〇一七）です。レズビアンの主人公には女性の恋人がいるんですが、宗教的な問題でなかなかカミングアウトできずにいたら、セネガル人の男性が二人の関係性に加わってくるんです。もちろん最初は女性の恋人が浮気を責めるんですが、その主人公は男性だから浮気ではないのだと言い張ります（笑）。

佐々木 なるほど（笑）。その映画は観ていないのでディテールはわからないですが、要するに恋愛対象のカテゴリではないから浮気じゃなくて友愛か性欲だと。

テイスト&カラー
原題：LES GOUTS ET LES COULEURS／TO EACH, HER OWN
監督：ミリアム・アジザ
脚本：ミリアム・アジザ、デニーズ・ロドリゲス＝トム
出演：サラ・スターン、ジャン＝クリストフ・フォリー、ジュリア・ピアトン、アリエ・エルマレ

児玉　というよりは、要は同じく女性と関係を持ったわけではないのだから浮気ではないと。恋人は男性一人、女性一人、だから浮気ではないという論理です。かなり〝あるある〟じゃないですかね。それはともかくとして、三人がバイクに乗ってそのまま疾走していくユートピア的なラストによっておそらくそのまま三人で関係を続けていくことを示唆しているので、ポリアモリー映画だと言えると思います。

佐々木　その映画に対してはどんな反応が多かったんですか？

児玉　ポリアモリー自体がというより、その主人公の女性に都合が良いように物語が進んでいくので、やっぱり批判的な論調が多かった印象があります。こういう映画を観ると、家族や家族の前段階の関係は、恋愛や性愛が絡んでなければうまくいくのかもしれないと思わされます。ふくだももこ監督の『おいしい家族』（二〇一九）は、主人公の娘が実家に帰ると父親が亡くなった母親の洋服を身につけていて、そこだけだと同じく妻を亡くした男が妻の洋服を身につけるフランソワ・オゾンの『彼は秘密の女ともだち』（二〇一四）も想起するんですが、面白いのはそんな父親が再婚すると言い出して、その相手が男性なんですよ。娘はその男性に、父親は実はゲイだったのか、本当に結婚するつもりなのかと問い詰めます。するとその男性は父親のセクシュアリティには答えずに、「恋とかセックスだけじゃなくて、愛さえあればＯＫだと思う」と言うんです。婚姻制度における異性愛規範と恋愛／性愛主義を二重に否定している。何が言いたいかというと、

おいしい家族
監督・脚本：ふくだももこ
出演：松本穂香、浜野謙太、板尾創路、笠松将

彼は秘密の女ともだち
原題：UNE NOUVELLE AMIE
監督：フランソワ・オゾン
原作：ルース・レンデル
出演：ロマン・デュリス、アナイス・ドゥムースティエ、ラファエル・ペルソナ、イジルド・ル・ベスコ

この二人の男性同士の関係はある部分では「父親」と「母親」の模倣でもあるのですが、彼らの恋愛と性愛によらない関係性に、さらにほかの誰かが加わってもおかしくないように見えたんですよね。ポリアモリー的可能性を胚胎しているのではないかと。あと最近で言えば、コロンビア映画の『MONOS 猿と呼ばれし者たち』（二〇一九）は八人の若者兵士の集団が描かれているんですが、社会的・文化的に隔絶された場所に生きているがゆえに異性愛規範にもモノガミーにも縛られていないので、ポリアモリー的な関係が含まれているように見えました。

佐々木 ポリアモリーは丁寧かつ繊細に描かないと、単に性的に奔放でなんでもアリということになってしまいかねないですよね。でも僕は恋愛感情と性欲の連鎖関係がよくわからないんです。たとえばゲイのフィクションでは、恋愛の物語でもプラトニックな感情より性欲が過剰に押し出されている印象があるんですが。

児玉 そういえば佐々木さんは以前、男性同士のひと夏の恋を描いた『君の名前で僕を呼んで』（二〇一七）について「性欲の映画」だと言っていましたよね。『君の名前で僕を呼んで』はたしかに思春期の男の子の性欲が充溢している映画だと私も思うんですが、最後の長回しで、性欲と恋慕が溶け合っていたようなものから、あれだけの時間をかけて性欲だけが浄化されていくようにも感じられるじゃないですか。

佐々木 あれはエリオがオリヴァーと二度とヤレないからでしょ。それが泣けるわけですよ。

MONOS 猿と呼ばれし者たち
原題：MONOS
監督・原案：アレハンドロ・ランデス
脚本：アレハンドロ・ランデス、アレクシス・ドス・サントス
出演：ジュリアンヌ・ニコルソン、モイセス・アリアス

君の名前で僕を呼んで
原題：CALL ME BY YOUR NAME
監督：ルカ・グァダニーノ
原作：アンドレ・アシマン
脚本：ジェームズ・アイヴォリー
出演：アーミー・ハマー、ティモシー・シャラメ、マイケル・スタールバーグ、アミラ・カサール

児玉　エリオは性欲を初恋だと勘違いしていたという解釈ですか？

佐々木　そうですね。というか、結局は恋愛と性欲の区別がつかない、ということだと思うんですよ。まだ幼いからのせいもあるし、そもそもそうだとも言える。それを切なくて美しいラブストーリーとして作り、売り、消費された。好きと愛してるとヤリたいの弁別は実のところは曖昧だし、観客が何を見出そうとするか、何を見出したいか、ということでしかない、ような気もする。

児玉　もちろん映像も一級品で美しいと思いますが、やっぱり私はオリヴァーのキャラクターには嫌悪感を禁じ得ない……。彼はもう成人していて自制しなければいけないはずなのに、エリオのようないたいけな少年を傷つけて、と。それでも『君の名前で僕を呼んで』は、グザヴィエ・ドランにインスパイアを与えて『マティアス&マキシム』（二〇一九）のような傑作が生まれましたし、後世に与えた影響は大きいと思います。エリオとオリヴァーの関係性は日本映画の『彼女が好きなものは』（二〇二一）でも引き継がれていて、高校生のゲイの純が妻子のいる年上の男性と身体の関係を結ぶ。それは同性愛を巡る世代間の価値観の差異のようなものを表すためのエピソードでもあるんですけど。

佐々木　セックスシーンについてなんですが、ピンク映画やポルノ映画は絡みの場面があるのがデフォルトなので、それが孕む問題性は希薄なんですよね。他にもたとえばハリウッドのアクション映画では同じ使命を帯びた男女がすぐセックスする（笑）。しかしそうい

マティアス&マキシム
原題：MATTHIAS ET MAXIME
監督・脚本：グザヴィエ・ドラン
出演：ガブリエル・ダルメイダ・フレイタス、グザヴィエ・ドラン、ピア＝リュック・ファンク、サミュエル・ゴチエ

彼女が好きなものは
監督・脚本：草野翔吾
原作：浅原ナオト
出演：神尾楓珠、山田杏奈、前田旺志郎、三浦りょう太

ないと思いました。

うんです。たとえば『君は永遠にそいつらより若い』は、女性同士のセックスシーンが一瞬ではあるといえ明確に出てくるじゃないですか。監督は男性ですが、あれは逃げてうものではない映画において、性描写を入れるか入れないかは結構クリティカルだと思

児玉 私が性描写問題で一番難しいと感じているのは、特にレズビアン映画においてなんですよね。『アデル、ブルーは熱い色』（二〇一三）は、「衝撃の愛の〝7分間〟」という惹句で、女性同士の長い濡れ場のシーンが宣伝上で押し出されていました。憤慨したのでよく記憶に残っているんですが、『キャロル』公開時に朝の情報番組である著名な男性俳優が「『アデル、ブルーは熱い色』って映画がすごいんだよ〜」と嬉々として話し始めたんです。これまでの文脈において、レズビアンの性行為はポルノとして主に男性から消費されてきましたよね。だから『アデル』のような描き方や打ち出し方をすると、そういった反応がやっぱり散見されてしまう。だからといって完全に排除してしまえば、今度は女性（同士）には性（欲）がないとされる神話を踏襲してしまったり、女性同士の関係が親密でロマンティックな関係として認識してもらえなかったり、というようなことが起こる。だから女性同士の性描写は、これまでこびりついてしまった様々な偏見や問題を回避しながら絶妙なバランス感覚で描くことが求められてしまいます。もっとも、なぜそこまで気を遣わなきゃいけないの？と反抗したくもなりますが……。

アデル、ブルーは熱い色
原題：LA VIE D'ADELE／BLUE IS THE WARMEST COLOR
監督：アブデラティフ・ケシシュ
原作：ジュリー・マロ
脚本：アブデラティフ・ケシシュ、ガーリア・ラクロワ
出演：アデル・エグザルコプロス、レア・セドゥ

男性器などもういらない――『お嬢さん』

児玉　同じく過激な女性同士の性描写があって、有名な映画に『お嬢さん』（二〇一六）があります。

佐々木　ああ、そうですね！

児玉　どんな映画であれ、性描写は物語との連続性のなかで考えなければいけない。その意味で『お嬢さん』の性描写の過激さには必然性があると思うんですね。終盤で藤原伯爵が指を切断される拷問を受ける場面で、「チンポを守って死ねてよかった」と言います。スッキと秀子が性行為するラストシーンを観ると、そこで二人は「りんの玉」という二つの玉がぶら下がった性具で戯れています。つまりそれは、「男性器などもういらない」という宣言と取れる。性具で十分だったのであって、男性が死守した男性器など、二人にとっては不必要なものに過ぎなかったという皮肉なわけですよね。画面の中央に裸身の女を配したシンメトリーな構図は、たしかにポルノグラフィの様相を呈していますが、だからこそ女による男たちからのポルノグラフィの奪還という復讐譚が成立するんだと思います。よって、男性は無邪気に消費できない。『お嬢さん』では画面内で男女の騙し合いが繰り広げられているだけでなく、画面内の女と画面の外の男の騙し合いにまで敷衍されているのが、この映画の巧妙極まりないところでした。

お嬢さん
原題：아가씨
監督：パク・チャヌク
原作：サラ・ウォーターズ
脚本：パク・チャヌク、チョン・ソギョン
出演：キム・ミニ、キム・テリ、ハ・ジョンウ、チョ・ジヌン

佐々木 たしかに、『お嬢さん』はリアリズムの映画でもないですもんね。

児玉 そうですね。戯画化された作劇手法によって編まれた映画であることを踏まえないといけないと思います。

佐々木 アダルトビデオに出ている女優がどれだけ自分の意思そのものに基づいて出演しているかという問題にも繋がってくると思うんですよね。たとえば社会学者の宮台真司さんは、むしろそれが女性解放になるとする売春肯定派です。そしてもちろんそれに反対して、女性の性的搾取をなくさなければならないとする売春否定派がいる。かなり問題を単純化させてしまっているために、議論が鋭角化していますが、本来はもっと曖昧なところに論点があるはずですよね。彼女たちがそれを自ら望んでしているのか、それともしていないのかの二者択一ではなく、どちらの部分も混在しているに決まっています。『お嬢さん』も、虐げられていた可哀相な女性が立ち上がる話か男を操る悪い女の話かの二通りになってしまいがちで、アンビギュイティな部分が同じ人間のなかに共存するのは当然なのにもかかわらず、フィクションにおいては白黒のいずれかで判断したい欲望が強いために、なかなかそこが理解されがたい。コンテクストにおいてある出来事や行為があったときに、今の時代はコンテクストを省いてそこだけを抽出して、自分がそれを良しとできるか否かで批判する。素朴な意味での読解力が低下していて、好き嫌いが先行してしまう感情の時代なんだと感じています。だから作り手がそれに呼応して、

『お嬢さん』

DVD 通常版4,180円（税込）/3,800円（税抜）/BD通常盤 5,280円（税込）/4,800円（税抜）/BD豪華版7,480円（税込）/6,800円（税抜）

発売元：TCエンタテインメント/販売元：TCエンタテインメント

どうしても防御的になっていってしまう。

児玉 パク・チャヌクは守りに入らなかった、ということですね。どう見ても『お嬢さん』のレズビアン描写はこれまでのヘテロ的ファンタジーを誇張してやっているので、『アデル』のアブデラティフ・ケシシュとパク・チャヌクの手法とでは、ともに過激な性描写であっても方向性がまるで異なると思います。

佐々木 パク・チャヌクはそういう描写をパロディカルに入れることによって、効果を得ようとしているということですよね。『お嬢さん』と『アデル』を並べてみると、『アデル』の方がリアリズムの映画じゃないですか。現実をそのまま描けばいいというわけではないし、フィクションのできることはもっと別にありますよね。それならアダルトビデオでいいということになる。『アデル』や少し遡れば『愛のコリーダ』のように過激な性描写があるとそれが売りになってしまうわけじゃないですか。どうして過激な性描写が価値になるのか。

児玉 映画を売るときにことさら性描写が押し出されてしまうために、あえてそれを避ける監督もいるでしょう。たとえば『こわれゆく世界の中で』(二〇〇六)のアンソニー・ミンゲラ監督などは、性行為を描くことには興味がないと言っている監督です。

佐々木 そういえば今泉力哉監督も、自動的に熱量が上がってしまうから性描写は避けていると いうようなことを言っている監督ですよね。それなら最初から最後まで性行為に特化し

愛のコリーダ
↓P150参照

こわれゆく世界の中で
原題:BREAKING AND ENTERING
監督・脚本:アンソニー・ミンゲラ
出演:ジュード・ロウ、ジュリエット・ビノシュ、ロビン・ライト・ペン、マーティン・フリーマン

て、ディテールで勝負してほしい。

児玉　ギャスパー・ノエとかですか？　『LOVE 3D』（二〇一五）のように、細部を３Ｄにするとか、そんな話ではないですよね（笑）。

佐々木　それは完全に「性」をアトラクション化しているわけでしょう。ともかく恋愛感情と性的欲求の連続関係には、疑問があります。

児玉　どういった対象に恋愛感情が湧くかと、どういった対象に性的欲望を抱くかは、別個の問題ですもんね。

規範と逆転――『ロブスター』

佐々木　村田沙耶香さんの小説は、恋愛と結婚と出産がそれぞれ切断されています。そういったことを強いられる世界という共通点で映画を挙げると、『ロブスター』（二〇一五）になるのかもしれないですね。『ロブスター』は、強いられたその先に本物の愛を見つける物語を描く映画でした。

児玉　『ロブスター』は、実は二〇一五年のカンヌ国際映画祭で『キャロル』と並んでクィア・パルム賞にノミネートされていたんですよね。結局『キャロル』が受賞しましたが、『ロブスター』はまさに異性愛規範を「自然」と考える価値観を転覆させている点

LOVE 3D
原題：LOVE
監督・脚本：ギャスパー・ノエ
出演：カール・グルスマン、アオミ・ムヨック、クララ・クリスタン、ファアン・サーベドラ

ロブスター
原題：THE LOBSTER
監督：ヨルゴス・ランティモス
脚本：ヨルゴス・ランティモス、エフティミス・フィリップ
出演：コリン・ファレル、レイチェル・ワイズ、ジェシカ・バーデン
オリヴィア・コールマン

で「クィア映画」と言えるでしょうし、同時に恋愛の本質を突いていると思います。

佐々木 ヨルゴス・ランティモスはどの作品も面白い。僕が特に好きなのは『聖なる鹿殺し』(二〇一七)なんですが、問題作ばかりなので『ロブスター』の記憶が薄くなってしまっていました(笑)。児玉さんは恋愛映画としてどのように観たんですか?

児玉 私がこの映画で最初に気になったのは、独身になった主人公のコリン・ファレルが、カップルを成立させないと動物に変えられてしまうホテルに入るときに、ヘテロセクシュアルかホモセクシュアルかを選ばせられる場面です。ある意味で、異性愛と同性愛の選択肢が等価的に選択可能な世界になっている。でもそこではバイセクシュアルは禁止されています。

佐々木 それはさきほど話に出た『テイスト&カラー』の主人公の傍若無人さとは対照的ですね。ヘテロであれホモであれ、どちらかを責任を持って選ばなければいけない。

児玉 バイセクシュアルは存在すら許されないのが、皮肉になっています。カップル信仰のホテルと独身信仰の森の二箇所がこの映画の大枠の舞台設定となっていて、つまりこの映画は単一なものしか許容しないイデオロギーの支配を描いているわけですよね。曖昧だったり中間だったりすることを排除するその暴力的な世界観は、この現実社会をそのまま仮構していると思うんですよ。私たちがこの社会で親密な関係を築くうえで考えるべき根源的な問題が描かれているのが、『ロブスター』だと思うんです。もう一つ、みん

聖なる鹿殺し キリング・オブ・ア・セイクリッド・ディア
原題:THE KILLING OF A SACRED DEER
監督:ヨルゴス・ランティモス
脚本:ヨルゴス・ランティモス、エフティミス・フィリップ
出演:コリン・ファレル、ニコール・キッドマン

なホテルで誰かとペアを組む過程で、共通点を無理やり探したり捏造したりするじゃないですか。私はそこで『花束みたいな恋をした』を思い出しました。『花束』も共通点によって繋がり、その共通点が摩滅していくにつれて関係性が破綻を迎える物語とも言える。恋愛を駆動させる上で拠り所にするのが同一性のみしかないというのは、他者とはなんなのか、愛とはなんなのかという始原的な問いへと私たちを引き戻すものです。

佐々木 現実の世界でも、カップルが、価値観が一致しているからうまくいくという場合と、まったく違うからうまくいくという場合があるじゃないですか。でもほんとうは価値観が合うか合わないかの二元論ではなく、なんであれ実はその中間しかないのが現実だと思うんです。だから「価値観」という言葉はズルいと思うんですが、そのズルさを巧妙に利用したのが『花束みたいな恋をした』だったのだと思います。趣味が合っただけでは長く続かない、というメッセージのようにも、たとえ限られた間であってもそれは貴重な経験だったという話にも思える。あの二人の関係を肯定しているようにも否定しているようにも見えるので、作り手がどちら側に立っているのかよくわからない。そこが興味深いし、表面的な装いよりも複雑な作品だとも思いました。

児玉 結末に触れますが、『ロブスター』はコリン・ファレルが目を見えなくさせられたパートナーのレイチェル・ワイズに合わせるために、自分も目を潰さなければいけないと迫られる局面に立たされて終わりますよね。比喩的に「愛は盲目」と結論づけて締めるのも、洒落ていると思いました。

佐々木 Love is Blindをリテラルにやられるとインパクトがありますよね。恋愛が一種の宗教心のようなものとして捉えられているんだと思います。『鹿殺し』は恋愛ではないですが、信仰を冷徹に俎上に上げている映画でした。あらかじめ定められた運命が完遂されて終わる。恋愛においては最初はみんな「これは運命だ！」とか感じるわけじゃないですか。運命の物語では、決定論と意志との相関関係が問題にされる。その淵源にあるのがたとえばギリシャ悲劇だと思いますが、それが『ロブスター』のような作品へと繋がっていく。最初から決まっている、逃れようのない展開に人がどう嵌まり込んでいくのか、あるいは抜け出していくのかを、どのように描くのか。

児玉 たしかに『鹿殺し』などの作品があるので余計に感じるのかもしれませんが、『ロブスター』もどこかすべてが宿命的に定められた盤上を登場人物が動かされているように見えます。『ロブスター』は「運命の恋」を描いたラブストーリーでありながら、それがまったく異色のテイストになっていると言えるでしょうか。「運命の恋」を描きながらも、恋愛という名の信仰に潜む陥穽を暴こうとしている。私は二〇一〇年代の恋愛映画として一本選ぶとしたら、今は『ロブスター』を選びたい気分ですね。

〈二〇二一年九月二十三日収録〉

第三章

恋愛映画の巨匠？

ホン・サンス

逃げた女
それから
あなた自身とあなたのこと
川沿いのホテル
カンウォンドのチカラ
次の朝は他人

『逃げた女』
　配給：ミモザフィルムズ　2022年6月11日より順次全国公開

女たちの映画──『逃げた女』

児玉 韓国の映画作家であるホン・サンスは、手掛けた作品のほとんどが「恋愛映画」と言って差し支えないですよね。今ここまでラブロマンスを描き続けている監督も珍しいと思います。まず日本公開作としてはこの対談時点で最新作である『逃げた女』(二〇二〇)から入っていきたいのですが、佐々木さんはどう観たんでしょうか?

佐々木 ホン・サンスの映画はキム・ミニとの出会い以降、それ以前の作品とは多くの点で変化してきたことは間違いないと思います。『逃げた女』は「女たちの映画」だと明確に言える。男性の登場人物たちはかつてないほどに後景に追いやられていて、ホン・サンス自身、この辺りは自覚的にやっているのかなと。

児玉 ホン・サンスの映画はできるかぎり削ぎ落とされてミニマルに仕上がっている印象ですが、『逃げた女』は、男の存在も削ぎ落とされた要素の一つであるかのようなんですよね。私は去年の東京フィルメックスで観ましたが、ホン・サンス定番のズームが起きたときに、ほぼ満員のなか場内の観客から「待ってました」と言わんばかりの波動を感じて嬉しくなりました。

佐々木 それはフィルメックスというシネフィルばかりいる特殊な空間だからであって、僕が観た新宿の映画館ではそんな波動は一切起きてなかったですよ(笑)。場内が女性の観客

逃げた女
原題:THE WOMAN WHO RAN
監督・脚本・編集・音楽:ホン・サンス
出演:キム・ミニ、ソ・ヨンファ、ソン・ソンミ、キム・セビョク

とカップルばかりだったので。中年男性のひとり客は僕くらいだった。ホン・サンスは日本では基本的に「オシャレな韓流恋愛映画作家」として受容されているということなんだと思いました。でも本当にそうなのか？　どう観てもそこには収まらないと僕には思えるのですが、そういう受容のされ方によって客が入っている。

児玉　女性系のメディアでオシャレな恋愛映画として取り上げられていることも多いですよね。ですが、自分自身の経験を重ね合わせたり、感情移入して共感するような恋愛映画というよりは、多くの観客は距離を置いた鑑賞法で楽しんでいるのでは？と想像しているのですが、どうなんでしょう。

佐々木　恋愛を客観視したときの滑稽さや、刹那的な恋愛関係のままならなさや不条理を描いているという点では、まぎれもなくホン・サンスは「恋愛映画作家」であるわけですが、シネフィリーな評価軸とは別にごく普通に観ている人たちには、あのどれを取っても「変」な映画はどう受け取られているのか？　メディアでの取り上げられ方を見てると、なんだかよくわからなくなってくる。もちろんそういう打ち出し方をしなければ公開できないということだとも思うんですが。ただ『逃げた女』に関して言えば、一つ目と二つ目のエピソードはよくわからなくても、三つ目のエピソードは結構ドラマチックなので、なんとなく納得する、という感じはあるのかもしれない。

児玉　過去の恋愛の三角関係が浮かび上がりますもんね。ただ会話しているだけではなく、少し恋愛ドラマのように転調する。私自身はそういう見方はしていないんですが、たとえば黒沢清の『スパイの妻』が公開されたときも、「夫婦の愛」の映画としても受容されていましたし、ホン・サンスの映画を純粋に「恋愛映画」として観ている層も存在するでしょうね。

日本におけるホン・サンスの受容

佐々木　ホン・サンスを「恋愛映画の巨匠」とか呼ぶのはマーケティング的には理解できるんですが、実際にその惹句に誘導されてホン・サンスの映画と出会った観客は、どう思ってるんだろう。

児玉　いわゆる「恋愛ドラマ」を期待した観客は、意外性を感じるかもしれないですよね。ホン・サンスの映画は、シネフィル層と一般層を抱え込んでいる。先程挙げた『スパイの妻』もそうですし、濱口竜介監督の特に『寝ても覚めても』あたり、シネフィル的に観ても映画として楽しめるし、映画に特段詳しくなくてもラブストーリーとして観て十分に楽しめる、そういった価値を両立させている「恋愛映画」が今広く受容され得るということなんでしょうか。単純に映画観客自体が少ないので、どちらの層にも開かれていなければ興行的に厳しいという現実的な側面もあると思いますが……。

スパイの妻
英題：WIFE OF A SPY
監督：黒沢清
脚本：濱口竜介、野原位、黒沢清
出演：蒼井優、高橋一生、坂東龍汰、恒松祐里、東出昌大

寝ても覚めても
↓P23参照

佐々木　ホン・サンスは国際映画祭の常連だし、現代映画の最重要作家のひとりであることは間違いない。そして彼の映画はどれもこれも「恋愛」を題材にしている。でも、そこで描かれる恋愛はというと、最近は変わってきたけれど、かつては基本的に「男にとって都合が良い」ものばかりだった。特に恋愛の始まりがそうですね。なんかいいな、とか思ってると、すぐ恋が始まってしまう（笑）。そんなにうまくいくわけないだろ、とツッコミを入れたくなってくる。しかも多くの作品で、男の主人公は有名な映画監督だったり大学教授だったり作家だったりして、立場も年齢も経済力も上の男性が若い女性を見初めて、なぜかうまくいくという。

児玉　ホン・サンス自身は自作を「現実についての映画ではなく、構造についての映画」と言っているように、まず映画の枠組みにおける形式的な実験がそこにはあるわけで、そもそも本気で「恋愛」が描きたいのか？という疑問は、やっぱり禁じ得ないですよね。

佐々木　そういう観点に立つならば、物語自体は単純であればあるほど形式が際立つわけで、だからこそ「恋愛」が格好の題材なのかも知れませんが、それだけでは説明しきれないなにかがある気がするんですよね。前にも論じたことがあるのですが、とにかくある時期までのホン・サンス映画の設定やストーリーはどれもすごく似ている。同じような物語を異なる形式で描いているといえばそうなんですが、物語があまりにもワンパターンで、むしろオブセッシブな感じさえしてくる。これをどう理解すればいいいんだろう？

映画のなかのキム・ミニと「ホン・サンスの分身」

児玉 ホン・サンスには羞恥心のような概念が存在しないように見えます。キム・ミニとの私的な関係性を、誰が観てもそうとしか思えないように映画でも描いて憚らないですよね。

佐々木 そうそう。たとえ恋人同士でも、むしろだからこそ普通はここまで何本も撮らない(笑)。昔の日本映画でも松竹ヌーヴェル・ヴァーグ——大島渚と小山明子、吉田喜重と岡田茉莉子、篠田正浩と岩下志麻——など妻を主演女優に撮り続ける映画監督は多かったですが、今の時代にここまでというのは、なかなかいない。しかも夫婦ではなく不倫カップルなわけで。

児玉 社会が勝手に決めた規範に従えば不倫カップルということになるんでしょうけど、二人のように創作においてインスピレーションを与え合う関係は、映画人が好きそう。

佐々木 映画史にはたくさんの伝説的カップルがいますからね。ただ、この人を撮り続けたいという欲望と、それがことごとく似たような映画になるというのは、イコールでは繋がらないはずですよね。キム・ミニが好きなら、彼女の色んな顔を見せたいと思っても不思議ではない。なのにいつも映画のなかでも「キム・ミニ」で、男は「ホン・サンスの分身」のように見えてしまう。ヴァリエーションを持たせようという気が、はなからないみたいなんですよね。

児玉　たとえばジャン＝リュック・ゴダールとアンナ・カリーナのカップルはどうだったでしょう。

佐々木　ゴダールのカリーナ時代も手を替え品を替え、という感じは強かったですよね。たしかにカリーナのコケティッシュなイメージには共通性があるけれど、『アルファヴィル』（一九六五）はSFだし。ホン・サンスだってSFや活劇を撮ってもいいわけです。なのに彼の映画はいつも基本的に現代の韓国が舞台で、話だけ取ったらいかにもよくある恋バナでしかない。こんなに主題が一貫した、というか貧困な映画作家はほかにいないと思うんです。

児玉　ホン・サンスとキム・ミニのカップルと並んで興味深い関係だと思うのは、台湾のツァイ・ミンリャンとリー・カンションなんですよね。ツァイ・ミンリャンは元々ゲイを公言していて、長い同居人のリー・カンションにも同性だから結婚していないだけという発言なども過去にしているんですが、彼はデビュー作からリー・カンションしか撮っていないどころか、何を見てもリー・カンションがそのまま彼自身として出ているように錯覚してくる。ツァイ・ミンリャン自身、「自分の映画はつまりリー・カンションの映画なんだ」と言っていますが、このところのホン・サンスも「自分の映画はつまりキム・ミニの映画なんだ」と言い出しかねない勢いがある。

アルファヴィル
原題：ALPHAVILLE
監督・脚本：ジャン＝リュック・ゴダール
出演：エディ・コンスタンティーヌ、アンナ・カリーナ

佐々木 似てるかもしれないですね。でもツァイ・ミンリャンの映画って、いわばかなり高度な芸術に昇華したホームムービーでしょう。ホン・サンスと比べると少し違う。

児玉 アーティスティックなホームムービーというのは、言い得て妙ですね。とにかくホン・サンスの映画を観ていても、いまいち撮る側の人間も撮られる側の人間も何を考えているのかわからない。なぜか気になってホン・サンスの新作が出るたびに観てしまうのは、それが理由なのかも知れませんが。

キム・ミニの役割

佐々木 僕は『逃げた女』を観て、キム・ミニが今後撮る側、監督になってもおかしくないと思った。『逃げた女』で批評を書くとしたら、タイトルは「サンスvsミニ」ですね（笑）。ホン・サンスの映画をキム・ミニが乗っ取っていって、ついに監督の名が入れ替わる。キム・ミニの登場は、ホン・サンスという映画作家にとって、それほど決定的なものだった。

児玉 キム・ミニがホン・サンス映画における女性像の代名詞となってから、やっぱり女性登場人物の能動性が一気に高くなったと思います。『イントロダクション』（二〇二〇）では、キム・ミニが制作のほうにもまわったらしいんですよ。この報道の前にいずれキム・ミニが撮るかもしれないと佐々木さんとお話していたことと近しい事態になった。そうなるべくしてなったというか、キム・ミニが放っていた主導権が裏付けられた。

佐々木　キム・ミニが主演女優の座を獲得してから、ホン・サンスの映画は不可逆的な変化を迎えたという見方はできますよね。

児玉　たとえば『それから』（二〇一七）では、キム・ミニは自身の演じたアルムという人物について「もっと重要性を持たせようと監督が決めたのは撮影がある程度進んでから」だったとインタビューで語っています。さらに劇中ではアルムが「自分は〝主人〟じゃないこと　主人公でもないこと　絶対に違うということ」と語る場面もあって、キム・ミニは「主」じゃないのに、否応なく「主」にならざるを得なかったかのように見える重心移動がそこにはあるんですよね。なので、私は『それから』をキム・ミニのホン・サンス映画における力学を考える上で分水嶺のような作品だと捉えています。

佐々木　僕も『それから』の後半の展開を、それまでのホン・サンスだったら絶対にああはならなかっただろうと思いました。とにかくキム・ミニを迎えてからのドライブ感はすごいですよね。

児玉　あるいは『草の葉』（二〇一八）はキム・ミニが傍観者的な位置にいるという意味で『それから』とも近いかもしれませんが、彼女がカフェで客の会話を盗み聞きしながらパソコンで文章を書いている映画です。こうなってくるとそれが映画の脚本を書いているよ

インタビュー
↓P239参照

それから
原題：그 후
監督・脚本：ホン・サンス
出演：クォン・ヘヒョ、キム・ミニ

草の葉
原題：풀잎들
監督・脚本：ホン・サンス
出演：キム・ミニ、チョン・ジニョン

うにも見えてきて、のちに作り手側にまわるかもしれないと予感させるんですよね。

佐々木 『ヘウォンの恋愛日記』（二〇一三）もそうだし、『自由が丘で』（二〇一四）といい、ホン・サンスには「書く」という主題が頻出しますが、『草の葉』もなんですね。

児玉 ホン・サンスの映画では、テーブルを挟んで会話する人たちを固定カメラで長回しするショットが非常に多いですよね。『草の葉』ではそんな会話する人たちのショットからパンすればキム・ミニがいる状態なので、メタ的にキム・ミニがそのホン・サンス映画を書いている、支配者のようにも見えるわけです。

佐々木 今後、更にキム・ミニの創作上の存在感が増していって、やがて彼女がホン・サンスとは別に自分で映画を監督するということもあり得るんじゃないかと思います。おそらくそこで初めてキム・ミニがホン・サンス映画に何をもたらしたのかが明確になると思う。

キム・ミニが導入したもの

児玉 『正しい日 間違えた日』（二〇一五）でキム・ミニが彗星のごとく登場してから、ほぼ出ずっぱりの状態なわけですが、だからこそフィルモグラフィでは後にある『あなた自身とあなたのこと』（二〇一六）はキム・ミニが不在なので奇妙な感じがする（笑）。『あなた自身とあなたのこと』は、主人公の女性が自分のことを知っている人の前で知らないふり

ヘウォンの恋愛日記
原題：누구의 딸도 아닌 해원
監督・脚本：ホン・サンス
出演：チョン・ウンチェ、イ・ソンギュン

自由が丘で
原題：자유의 언덕
監督・脚本：ホン・サンス
出演：加瀬亮、ムン・ソリ

正しい日 間違えた日
原題：지금은 맞고 그때는 틀리다
監督・脚本：ホン・サンス
出演：チョン・ジェヨン、キム・ミニ

あなた自身とあなたのこと
原題：당신자신과 당신의 것
監督・脚本：ホン・サンス
出演：キム・ジュヒョク、イ・ユヨン

をしているだけなのか、それとも本当に別人なのかがわからないという物語の突飛さが面白かったです。これをキム・ミニが演じていたら、コミカルな感じよりもミステリアスな感じが勝っていたような気がします。

佐々木　僕はパク・チャヌクの『お嬢さん』とホン・サンスの映画でしかキム・ミニを知らないんですけど、韓国映画の女優のなかで彼女はやっぱり異質ですよね。男性の欲望をただ引き受けるような表象にはならないというか……。

児玉　そう、だからこそ『お嬢さん』は成立したとも言えるのかもしれませんよね。映画自体が際どいことをやっているので解釈も難しいですが、演じる役者によっては、平板的なレズビアン・ポルノにしか見えなかった可能性もあったのではないかと。翌年に『夜の浜辺でひとり』（二〇一七）があり、そこでキム・ミニは冒頭で女性の先輩に同居を提案していたり、中盤では女性とキスしたりするんですよね。ホン・サンスが『お嬢さん』を意識していたのかどうかは知らないのですが、他の女性の登場人物からはレズビアン的な要素を看取できないので、女性像という意味でもキム・ミニだけ特別なように思えます。

佐々木　キム・ミニを迎え入れたことで、ホン・サンス映画に女性同性愛的な要素が導入されたんじゃないかということですね。『逃げた女』では、一つ目のエピソードの二人の女性の内、片方が「主人」のような振る舞いをするんですよね。三つ目のエピソードではキ

お嬢さん
↓P84参照

夜の浜辺でひとり
原題：밤의 해변에서 혼자
監督・脚本：ホン・サンス
出演：キム・ミニ、ソ・ヨンファ

ム・ミニとキム・セビョクが手を重ね合わせる瞬間もあり、これを「妖しい雰囲気」とする評もある。『逃げた女』は特に同性愛的なニュアンス鏤めているように見えたんですよね。だから一つ目のエピソードの家でキム・ミニが三階に行くことを拒否されるのは、おそらくそこに行くと二人の関係性が露呈してしまうなにかがあるからだと思いました。

児玉 実は私自身は、同性愛的なニュアンスを『夜の浜辺でひとり』と『川沿いのホテル』(二〇一八)では感じたんですが、『逃げた女』では感じませんでした。ですが佐々木さんが言ったようなクィア・リーディングをしている観客は実際いましたし、そう観ることは十分に可能だと思います。韓国映画においては未だ同性愛嫌悪も強いですし、一つ目のエピソードの女性同士の関係性が秘匿されていてもおかしくないんですよね。

佐々木 僕は映画祭でのみ上映された『川沿いのホテル』を観られていないんですが、どういう作品なんでしょうか?

児玉 『川沿いのホテル』は、詩人の父親と息子がホテルで待ち合わせをしていて、そこに宿泊するキム・ミニともうひとりの女性に出逢う……というストーリーが一応ある映画です。

佐々木 父と息子という設定は、ホン・サンス映画では珍しいですよね。

児玉 そうですね。とにかくホテルの下のほうでは男たちが語らっていて、上のほうでは女た

川沿いのホテル
原題:강변 호텔
監督:ホン・サンス
出演:キ・ジュボン、キム・ミニ

ちが仲睦まじそうにしている映画でした。だからこの上下の分断された構図はおそらく重要で、それが次作のほぼ女たちだけの『逃げた女』に繋がっていくんだと思います。

佐々木　なるほどね。ところで児玉さんは『逃げた女』の「逃げた女」とはいったい誰のことだと思いました？

児玉　ホン・サンス自身は「誰なのかは決めていなかった」としたうえで、「この映画のすべての女性たち」と言っていますよね。私はきわめてスタンダードな見方をした気がするんですが、最初はキム・ミニが「逃げた女」で、最終的に出てくる女たちが全員「逃げた女」だったのかもしれないと思いました。

佐々木　三つのエピソードの全部でキム・ミニが「夫と五年間、片時も離れたことがなかった」と言いますよね。あれが非常に気になりました。

児玉　一度聞いただけだと「そうなんだ」としか思わないんですが、二度、三度と聞いていくと、次第にそこになにかがあるんだと疑いはじめますよね。

佐々木　ホン・サンスは脚本を事前には用意せず、基本的に順撮りで、その日に撮影する分を毎朝書くという即興的な手法をとっているそうですね。当初はキム・ミニを「逃げた女」として想定していたが、撮っていくうちに必ずしもそれだけではなくなっていった、という感じだったのかもしれない。

ズームの導入とそれ以前

児玉 ホン・サンスはあの直感的なズームから受ける印象の影響も大いにあると思うんですが、あまり深く考えずに撮っている側面はあると思うんですよ。その勘の良さが奏功している作家なのかと。

佐々木 理詰めよりも感覚を重視しているように思えますよね。端正にちゃんと撮ろうと思えば撮れるのに、自らズームでぶち壊しにしてしまう。完璧に美しいショットを撮れる作家だからこそ、ズームの導入は画期的なことだったとも言える。今となっては他の作家があんなズームをやったら、ホン・サンスの模倣にしか見えません。ホン・サンスの映画からズームがなくなったら驚きますよね。

児玉 なくなってしまったら寂しいです（笑）。たしかズームが確認できるようになったのは、『映画館の恋』（二〇〇五）あたりからじゃなかったでしょうか。

佐々木 最近の映画ではズームが意外な対象に向かうことが多くて、あっけに取られたまま次のシーンに移行したりする。本来、ズームって品のない手口とされていて、シネフィルからは馬鹿にされがちだったのですが、ホン・サンスによって評価が一変した（笑）。

児玉 私、ホン・サンスズームが発明される以前の初期の頃は、第一作の『豚が井戸に落ちた日』（一九九六）と第二作の『カンウォンドのチカラ』（一九九八）を除いて、結構厳しかっ

映画館の恋
原題：극장전
監督・脚本：ホン・サンス
出演：キム・サンギョン、オム・ジウォン、イ・ギウ

豚が井戸に落ちた日
原題：돼지가 우물에 빠진 날
監督・脚本：ホン・サンス
出演：キム・ウィソン、イ・ウンギョン、チョ・ウンスク

カンウォンドのチカラ
原題：강원도의 힘
監督・脚本：ホン・サンス
出演：ペク・チョンハク、オ・ユノン、キム・ユソク

たです。あまりにも男女の恋愛が、性的なことを含めて俗っぽく描かれていて、ほとんどそれだけの物語のような作品も多くて……。ズームがホン・サンスの映画の見方を変えてくれたと言ってもいいかもしれない。

佐々木　初期作だと『オー！スジョン』（二〇〇〇）は思い切りヌーヴェル・ヴァーグ風のスタイリッシュなモノクロ映画でしたね。ベッドシーンとかも昔は普通にありましたよね。

児玉　そうそう、いかにもおフランス的な映画でした。今はベッドシーンがほとんどなくなりましたが、ホン・サンスのかつてのベッドシーンはつねに類似した構図のフルショットのイメージがありますよね。『映画館の恋』あたりまでは露骨な性描写があったかと思います。ちょうど『映画館の恋』はホン・サンスズーム発明の時期でもありますし、セックスよりもズームのほうが楽しくなったのかな（笑）。とにかくホン・サンスの濡れ場はロマンティックさよりも、人間のだらしなさがさらけだされている。

驚異的な技工——『カンウォンドのチカラ』

佐々木　僕は今回初めて『カンウォンドのチカラ』を観たんですが、驚嘆するレベルの巧さだと思いました。ホン・サンスがもともとはこんな繊細で複雑なドラマも撮れる監督なんだということを示す重要作だと思います。現在のホン・サンスの作品では、一本の映画の

オー！スジョン
原題：오！ 수정
監督・脚本：ホン・サンス
出演：イ・ウンジュ、チョン・ボソク、ムン・ソングン

前半と後半で別のストーリーになったり、互いに関係なさそうな複数のエピソードの羅列が普通のことですが、『カンウォンドのチカラ』では後半であれあれと思うような展開になるのだけど、最終的に伏線が見事に回収される。しかも、かなりエモーショナルな恋愛映画として綺麗に着地する。

児玉 ホン・サンスのフィルモグラフィを遡及的に辿ると驚きがありますよね。金魚のモチーフの使い方とか、ものすごく鮮やか。

佐々木 金魚もそうですし、あの映画では「飛び降り」というアクションが物語を繋いでいるんですよね。女の子が高校時代に自分を好きだった同級生が飛び降りをしてしまったと話すでしょう。その女の子とホテルに泊まることになり、そういう局面になるんだけど、彼女は中絶したばかりなのでセックスは出来ないと言う。そのあと、彼女が部屋から出ていってるあいだに、男はホテルの窓から飛び降りようとする。彼はひとりでそれをしてるだけなので、飛び降りの連続性は、彼女は知らないままで、観客にしかわからない。二人の男は彼女に恋をしたという意味で同じなんですよね。それを言語に頼ることなく、飛び降りようとするアクションだけで見せる。

児玉 二人の男が恋に「落ちる」と。そんな『カンウォンドのチカラ』と、韓国のサスペンス映画と聞いて一般的に想起するような重厚な映画をまじめにやっていた『豚が井戸に落ちた日』が初期にあることで、技術力が高く、複雑なことをしていた監督があえてシン

『オー！スジョン』

『カンウォンドのチカラ』

プルなことをやっているのだとわかる。ホン・サンスは「反復と差異」の作家とよく言われますが、ズレはズレのまま、どこからか一致させようという気がまったくなくなっていきます。

まとまらないパズルのピース

佐々木 ホン・サンスは男女のすれ違いなど、初期からベタなメロドラマを描いてきた作家だと思うんですよね。なぜかモテてしまう男性が中心にいたり、呆気なくくっついて呆気なく別れたり、また再会したり、そういう人物関係の基本的な構図はあまり変わっていないのに、次第に一本の映画のなかで挿話を連携させようとする意識が希薄になっていく。それはなぜなんでしょう？　急激にそうなっていくじゃないですか。

児玉 今回のためにホン・サンスの映画をほぼ全作品見直したんですが、頭のなかに元から合うことのないバラバラのパズルのピースが散らばっているような状態になっています。

佐々木 まとめて観ると余計にそういう状態に陥る（笑）。ホン・サンスの映画はよくパズルのようだと言われますが、ある時期からはただパズルを装っているだけで、正解がなくなるんですよね。『自由が丘で』なんて典型的ですが。でも『カンウォンドのチカラ』の時点では最後にピースがすべて嵌まって綺麗な絵として完成するし、登場人物の内面を描こうとしているようにも思える。男女の恋愛を描いているのに、そこにあるべき機微は描かれなくなっていく。『教授とわたし、そして映画』（二〇一〇）と『次の朝は他人』（二〇一一）あたりから完全に形式のほうが勝っていく。

児玉　そのあたりも直感的というか、そもそも人生はまとまりのないパズルだし、人間だって矛盾だらけで破綻しているじゃないかと、どこかで開き直ったのかもしれない。佐々木さんは『次の朝は他人』が好きな作品なんですよね。

佐々木　『次の朝は他人』は、主人公の恋愛にうつつを抜かすさまがうまく出ている作品です。ハンターの男が女を口説いて、なぜかうまくいってしまう話が多いんですが、結ばれて幸せに暮らしました、とはならない。この人と恋愛したいというよりも、とにかく誰かと恋愛がしたいという欲望のほうが強いので、そこには焦燥感がある。あまりにもそっちにいくと重たい映画になるんですが、そうはならないバランス感覚の良さがある。

児玉　私は二〇一八年に公開された『夜の浜辺でひとり』を有楽町のヒューマントラストシネマで観たんですが、これは主流の作風とは少しズレますよね。ホン・サンスの第三作目以降の映画のなかでも、「重い」と言える映画だと思います。その直後に同劇場で観た『正しい日 間違えた日』で、おそらくこちらがよりホン・サンスらしいと言えるのかなと理解しました。『正しい日 間違えた日』は、佐々木さんが今挙げた『教授とわたし、そして映画』と『次の朝は他人』の二本の形式を見事に踏襲して洗練させた映画だと思

教授とわたし、そして映画
原題：옥희의 영화
監督・脚本：ホン・サンス
出演：イ・ソンギュン、チョン・ユミ、ムン・ソングン

次の朝は他人
原題：북촌방향
監督・脚本：ホン・サンス
出演：ユ・ジュンサン、キム・サンジュン、ソン・ソンミ、キム・ボギョン

います。

佐々木　『次の朝は他人』のストーリーって『正しい日 間違えた日』ということですもんね（笑）。僕も『夜の浜辺でひとり』は大好きです。ちょっとサスペンスフルな展開なのだけど、最後にタイトルの所以である浜辺でキム・ミニが佇むシーンになる。あらゆる問題が未解決のまま眠りにつくというのが面白いと思います。

児玉　キム・ミニを連れ去った後、なぜか窓を拭いている全身黒タイツの謎の男も気になりますよね。あとキム・ミニが浜辺で横たわっているショットの反復はよく覚えています。画面の美しい『夜の浜辺でひとり』も好きなんですが、私にとってホン・サンスの映画が希少なのは、『正しい日 間違えた日』のような映画にとりわけそう感じるように、人生の一回性の価値のようなものを快活に蹴飛ばしてくれるところです。人生は一回限りで後戻りができないというのはもう嫌というほど承知しているので、何度でも繰り返せるし、戻れると言ってもらえるのは心強い。……あれ、ホン・サンスの映画で真剣に人生について語れている（笑）。

ホン・サンスの語りにくさ

佐々木　僕はホン・サンスの映画を観ると、よく「本気でこれをやっているんだろうか」という疑問を抱くんです。見方によっては実に浅はかな物語を繰り返し描いているのにもかかわらず、どうもそうは受け取られていないらしいのが興味深い。やっぱりそこにマジックがあるのかなと。だから作品受容の面でも面白さを感じている。

児玉 「単純きわまりなさ」を「余白がある」と言い換えるとすると、観者が好き勝手に書き込みできるということになるんだと思いますが、ホン・サンス映画を観ると他人の感情を推察したくて仕方なくなるんですよね。映画館でも、本気でやっているのかどうかよくわからないこの映画を、皆がどういう顔で観ているのか、すごく気になってしまってつい周囲を見渡してしまう……。

佐々木 そうそう。ところで『正しい日 間違えた日』でキム・ミニが出会う男は映画監督ですが、以前も同じ設定は何度もあったし、観客は誰もがホン・サンス自身がモデルだと思ってしまう。そのことを本人はどう思って撮っているんでしょうね。

児玉 「日本のホン・サンス」と呼ばれている我らが今泉力哉監督は、『作家主義　ホン・サンス』(ライスプレス)のインタビューで「自分の映画の主人公は全部、映画監督でいいんじゃないか」とおっしゃっていました。やっぱり自分のよく知っていることで映画を撮りたいと。

佐々木 映画監督が主人公の映画を撮る映画監督はもちろん歴史的にも沢山いますが、自分とは違う面を持っていたり実際とは違う境遇だったりと、むしろ自分自身とは別だよというシグナルを出してる場合のほうが多いし、自分がモデルならそこには一種の自己批判的な契機が紛れ込むものなのではないかと思うのですが、ホン・サンスは、そういうメタな感じはほとんどしない。というかベタですよね（笑）。知り合った女性に簡単に手を出そうとして、しかも成功してしまうし、どう見ても好ましからざる男性なのに、アイロニカルな感じもしない。もともとそういう感じだったのが、キム・ミニとの一件でいわば虚構が現実になってしまったわけで、その後もそういう物語を語り続けるなんて、いったいどういうつもりなんだか。

児玉 その男の人物像自体は情けなかったり弱々しかったりで、平気で泣き始めたりもしますし、結局のところいい目にあっているかどうかはよくわからないんですが、韓国的なマチズモからは外れたイメージが多いですよね。だからホン・サンスは自分の分身を痛めつけたがるマゾヒストのような気もします。ライフセーバーの男が出てくる『3人のアンヌ』（二〇一二）などもあるにはありますが、ホン・サンスの映画の男は基本的に肉体労働者ではなく、知的労働者が多いのは象徴的ですよね。

佐々木 会話の場面では哲学的な話題も出てきますよね。でもそれは一種の撒き餌のようなもので、深読みしたい人が勝手に深読みできるようにバラ撒いてあるだけなんじゃないか。そこには思想的なものは実は全然ないんじゃないか。そう考えていくと、いかにも深そうに思えるところは全部ブラフなので、後に残るのはやはり浅はかな男女の恋愛ものに

3人のアンヌ
原題：다른 나라에서
監督・脚本：ホン・サンス
出演：イザベル・ユペール、ユ・ジュンサン、チョン・ユミ、ユン・ヨジョン

なってしまうんですが、にもかかわらず明らかに面白い。とにかく不可思議で、いつかホン・サンス論で一冊本を書きたいとさえ思っています。僕にとってそこまで興味を持てる現役の映画作家は、ホン・サンスくらいかもしれません。

児玉　ホン・サンス研究は難しいと思います。いくらなんでも、語りにくすぎるでしょう。

佐々木　語りにくいというか、誰が語っても同じような内容になってしまうのが鬼門なのかもしれません。

児玉　そうですね。ホン・サンス映画を前にして、新しい切り口や視点をどう導入し得るのか。

繰り返しとアップデート

佐々木　なぜここまで同じような話を延々と繰り返しているのか、それをどう考えればいいのかという疑問からしか、ホン・サンス論を書く方法はないと思うんです。僕が『この映画を視ているのは誰か？』（作品社）に書いた批評では「本人は毎回変えるつもりなのに、そうはならない」という主張をしてみました。本当は同じことをしたくないと思っているのに、なぜか必ず同じことになってしまう。だからまた次作を撮るんですが、また同じになってしまうという（笑）。だから逆説的にワンパターンが多作のエンジンになっている。

児玉　私はホン・サンスが次から次へと映画を撮るのは、時代が刻一刻と変化していっているからだとも思うんです。彼のフィルモグラフィを辿ると、やっぱり少しずつ時代の変化に合わせていっているような感じはするんですよね。シスターフッドやフェミニズムの言葉を携えて語られるような『逃げた女』を経た今、『オー！スジョン』や『気まぐれな唇』（二〇〇二）のような作品が生み出されるとは考えにくい。

佐々木　かつての作品では男の主人公だけでなく、女性の登場人物も浅はかなイメージがありましたよね。ホン・サンス自身は深いことをやっているつもりなのに結果的に浅くなってしまっているという可能性もあるかもしれないけど、そうではなく、そんな浅さこそを描きたいのだとすると、そこにある種のからっぽなエモーションみたいなものが宿る気はする。恋愛はいつも呆気なく始まり、呆気なく終わる。でもそこには、完全に前に戻ったのではなく、何かが失われてしまったという空虚感が残る。なんだか薄ら寂しい。だから恋愛が終わるとすぐまた次の恋愛に行くのと同じように、すぐに次の映画に向かう。何もない、ということが持っている価値ってあるのかもしれないし、もしかしたらそれこそ恋愛の本質とも言えるのかもしれない。こう考えてみると、恋愛のある種の本質をひたすら描き続けているのがホン・サンスなのだと言えるのではないでしょうか。

児玉　私もホン・サンスの映画には、空洞のようなものがほの見えます。こういうこと言うとまた語弊があるかもしれませんが、ホン・サンスの映画は一作品だけでは成り立たない

気まぐれな唇
原題：생활의 발견
監督・脚本：ホン・サンス
出演：キム・サンギョン、チュ・サンミ、イェ・ジウォン、キム・ハクソン

と思うんですよ。単発的に短いスパンで呆気ないことが繰り返されているフィルモグラフィの全体をもってして、一つの作品なんだと言いたいというか。恋愛自体がいわば終わってしまえば、空っぽなにかだったと思ってしまいかねない事象であって、それはホン・サンスの仕事の在り方とも重なり合っています。

佐々木 彼のフィルモグラフィ自体が恋愛の隠喩たりえているということですね。たしかに、ホン・サンスの映画はもはや一本だけでは評価できないと思う。どれも似ているし同じと言えば同じなんだけど、微細な差異を孕みながら、無意味で無価値で空疎だといえばそうだし、それなのに/それゆえにわれわれがどうしても囚われずにはいられない「恋」が延々と続いていく。

児玉 一つの作品内のピースは綺麗にはまらないかもしれないですが、一つの作品をピースとしたフィルモグラフィ全体で見ると、意外と綺麗にはまるのかもしれません。ポン・ジュノを筆頭に韓国映画では政治的な問題意識の強い作品も多いなかで、一見すると恋愛のいざこざしか描いていないように見えるホン・サンスのあっけらかんさはやっぱり気にかかるし、これからも新作が出るたびに私たちは観てしまうんでしょうね。

佐々木 ホン・サンスが『パラサイト』(二〇一九)を撮ったら、どうなるんだろう?

児玉 たぶん、貧困家族が富豪家族の豪邸で酒池肉林やっているだけの映画になりますよ(笑)。

〈二〇二一年七月十五日収録〉

パラサイト 半地下の家族
原題:기생충
監督:ポン・ジュノ
脚本:ポン・ジュノ、ハン・チンウォン
出演:ソン・ガンホ、イ・ソンギュン、チョ・ヨジョン、チェ・ウシク

第四章

クリシェとそれを超えるもの

キラキラ青春映画

君の膵臓をたべたい
四月は君の嘘
恋と嘘
好きっていいなよ。
今日、恋をはじめます
オオカミ少女と黒王子
orange－オレンジ－
殺さない彼と死なない彼女
私がモテてどうすんだ
かぐや様は告らせたい

『殺さない彼と死なない彼女』

「難病」と「死」

児玉　今回この対談にあたって、私も佐々木さんもキラキラ青春映画を二十本以上観ました。まずはマストで観ておくべき作品を、私の基準で十本選びました。廣木隆一監督、三木孝浩監督、古澤健監督、月川翔監督などこのジャンルを数多く手がけている監督の作品、興行収入が大きかった作品、批評的な評価が高かった作品を基準に選びました。

佐々木　「キラキラ」というワードは、ゼロ年代から使われていたようですね。「キラキラ青春映画」の定義や、そもそも「キラキラ」っていったい何なのかということもありますけど、そう呼ばれている映画を観たこと自体これまで数えるほどだったので、今回、ジャンルとしてまとめて観てみることで、初めて見えてきたものがいろいろとありました。児玉さんはもともとキラキラ青春映画をよく観ていたんでしょうか？

児玉　私もジャンルとして意識的に観ていたわけではなかったです。その年の興行収入第五位だった『君の膵臓をたべたい』（二〇一七）をはじめ、大ヒット作だけは観ていました。

佐々木　今回観ていってまず顕著に感じたのは、ある程度わかってはいたことですが、圧倒的なまでに難病ものが多かったことです。

児玉　難病や余命幾許もない少年少女といった設定でなくても、何らかの形態で「死」というモチーフが入ってきますよね。

君の膵臓をたべたい
監督：月川翔
原作：住野よる
脚本：吉田智子
出演：浜辺美波、北村匠海、大友花恋、矢本悠馬、桜田通

佐々木　九〇年代後半くらいから「死」という要素がヒットするメロドラマを醸成する安易なツールとして乱用されるようになってきたと思うんですが、それが青春映画にも波及したということなのか……。

児玉　難病ものとジェンダーの問題に関してキラキラ青春映画全般に言えるのは、難病を背負わされるのは多くが女性のほうだということですが、それを改めて確認しました。そして当然それは、女性に対して「美」や「若さ」が求められてしまうこと、つまり「老いてはいけない」という圧力と分かち難く結びついています。さらに言えば、少女が不治の病を背負わされる一方で、少年の場合は不慮の事故や殺人によって死をもたらされる事例が多いように感じました。何がしかの抗えない「力」に負けてしまう。そのあたりの性差を掘り下げていっても面白いと思います。ちなみに、私が人生でいわゆる「キラキラ青春映画」的な作品として初めて触れたのは、たしか二〇〇七年に映画化された『恋空』のケータイ小説でした。学校中で読まれていた記憶があります。『君の膵臓をたべたい』は『恋空』がやっていたようなことと変わらないというか、キラキラ青春映画というジャンルが持っている特徴の統合体だと思いました。

佐々木　そうそう、やっぱりターゲットが中高生ですからね。そういえば映画化される前から、原作の「膵臓」を「脾臓」と間違えて読んでる人が結構いた。「膵臓」の字がすんなり読めないというのも、ヒットした理由の一つなのではないかとすら思っています

（笑）。住野よるはこの作品の後もすごく売れているし、ここ十年くらいで出てきた小説家のなかでは疑いなく大ヒットメイカーの一人です。

児玉 内容としてはこれまでのキラキラ青春映画なるものを踏襲しているので、そのワンフレーズのインパクトはあるかもしれませんよね。

佐々木 ラノベ（今は異世界転生ものが主流ですが）や4コマ漫画って、いわゆる日常ものが大きなジャンルなんですよね。高校生活は三年間しかなく、イベントはだいたい決まっているわけですが、だから何も起こさないわけにはいかない。学園祭とか卒業旅行をただ淡々と描くだけではドラマが生じないので、盛り上げようと誰かを死なせるしかないというか……ほとんど何も事件が起きない青春映画もあると思いますが、それはキラキラにはならないんですよね。なので理屈（?）の上でもキラキラ青春映画に難病ものが多いのは薄々わかってはいましたが、本当にここまでか！と実感しました。『君の膵臓をたべたい』の主人公は冴えない男子。といっても北村匠海なんですが（笑）。そこに陽キャのヒロイン（浜辺美波）が絡んできて、やがて彼女は死に至る病いであることが明らかにされる。多くのキラキラ青春映画は、スクールカーストと難病の掛け算で出来ている気がします。

安易な定式化と最大の「悪」

児玉　たしかに、スクールカーストの最上位と最下位の組み合わせなど、キラキラ青春映画には定式が存在していますよね。

佐々木　『君の膵臓をたべたい』は、原作は読んでいたんですよ。小説としては難病ものにとどまらない、いろいろと興味深いところがあるんですが、映画は設定とストーリー展開を抜き出して、メロドラマに特化しているように見える。どうしても「死」をあまりにも安易に使っていると思ってしまいました。そもそもターゲット層である中高生が十数年しか生きていないので、近しい人の死はまだほとんど体験してないわけじゃないですか。だから「死」が衝撃なのは当然で、それを多用して泣かせようとする大人は悪だと思ってしまいました。そして、これはちょっと問題発言かもしれないけれど、こういう場なので敢えて言ってしまうなら、今回キラキラを大量に観て判明（？）した最大の「悪」は、東宝という映画会社です。キラキラをもっとも沢山作っているのは東宝なんですよね。

児玉　たとえば広瀬すずと山﨑賢人がダブル主演した『四月は君の嘘』（二〇一六）も東宝の作品なんですが、「衝撃の秘密」として難病＝死が使われているのが、より醜悪だと思ったんですよ。それならまだ『君の膵臓をたべたい』などのように、はなから提示されていたほうが誠実なのではないかと。

四月は君の嘘
監督：新城毅彦
原作：新川直司
脚本：龍居由佳里
出演：広瀬すず、山﨑賢人、石井杏奈、中川大志

佐々木 それはそうかもしれません。原作がそうなっているから仕方ないのかもしれないですけど、その安易さに乗っていいのかは疑問に感じますよね。「難病」と「死」というテーマは、キラキラ映画以前に原作となる少女マンガの問題もあるわけですが。

児玉 これもどちらも東宝の作品ですが、二〇一七年に劇場公開された『君の膵臓をたべたい』をそのまま引き継いだかのような難病もののキラキラ青春映画が、二〇一九年に劇場公開された『君は月夜に光り輝く』(二〇一九)ですね。成人まで生きられない不治の病である「発光病」を患った女の子が病院から出られないために、代わりに願い事を実行してあげる男の子を同じく北村匠海が演じています。余命幾許もない女の子の願いを叶えてあげる透明な受け皿のような役どころを続けて演じたわけですが、『君の膵臓を食べたい』と同じ年に公開されたキラキラ青春映画『恋と嘘』(二〇一七)にも北村匠海は出演しています。この『恋と嘘』は政府が国民の結婚相手を決めて、一定の年齢に達したら通知するシステムの社会が仮構されています。佐々木さんはどうご覧になられましたか?

佐々木 『恋と嘘』には好感を持ちました。政府が十六歳になったら結婚相手を選出して通知してくるという設定自体は、かなり問題含みだと思いますし、映画の物語も最後まで保守的ではあるんですが、いやな感じでは処理していなかった。この映画ではイケメン俳優たちに共感を持てました。わりとクセのない普通の高校生の感じで、北村匠海がすごく

君は月夜に光り輝く
監督・脚本:月川翔
原作:佐野徹夜
出演:永野芽郁、北村匠海、甲斐翔真、松本穂香

恋と嘘
監督:古澤健
原作:ムサヲ
脚本:吉田恵里香
出演:森川葵、北村匠海、佐藤寛太、浅川梨奈

良かったです。ところで、この映画のネットのレビューには「話を捻りすぎ」という批判がかなりあるんですよね。

児玉　私はまったくそう感じなかったんですが、どこらへんが捻っていると言われているんですか？

佐々木　ネタバレになるので伏せておきますが、後半にもう一つ、ちょっと意外な展開が待っているじゃないですか。こういう話だと思って観てたら急に裏切られるというのは、ハリウッドだとむしろ定番だったりするのに、キラキラ青春映画はそういった消費のされ方がむつかしいのかもしれない。

児玉　いわゆる「どんでん返し」がキラキラ青春映画においては必要とされていないのではないか、ということでしょうか。

佐々木　観る前にインストールされていた設定が跳んで先の展開が読めなくなると、キラキラ青春映画のメインの客層は引いてしまうということなのかも。『君の膵臓をたべたい』もそうですが、大ヒットする映画ほど捻ってないんですよね。日向監督の『好きっていいなよ。』（二〇一四）も同じく相手役の俳優が福士蒼汰なんですが、この映画がスゴいと思うのは、定番の設定だけで、捻りが一切ない。むしろそのほうがキラキラ青春映画としての純度が高い気がしました。

好きっていいなよ。
監督：日向朝子
原作：葉月かなえ
脚本：日向朝子
出演：川口春奈、福士蒼汰、市川知宏、足立梨花

性の扱いとドS彼氏──『今日、恋をはじめます』『オオカミ少女と黒王子』

児玉 物語だけではなく監督の話もしたいんですが、『恋と嘘』と『今日、恋をはじめます』(二〇一二)を撮った古澤健監督はどうでしょう?

佐々木 古澤監督はホラーというジャンル映画からキャリアをスタートして、自主映画も手がけているし、最近はピンク映画も撮っている。『今日、恋をはじめます』もそういうジャンルへの意識がクリアに感じられた好作だと思います。特に感心したのは時間の処理ですね。結構長い期間にわたる出来事を圧縮して描けている。キラキラ青春映画にハワード・ホークス的な語りのエコノミーを持ち込んだ、というか。

児玉 廣木隆一監督もピンク映画からキラキラ青春映画まで幅広く撮っていますが……。

佐々木 廣木監督はピンク出身で一般映画に進出していったけど、古澤監督の場合は、ピンク映画を何本も監督してからピンク映画を撮っているので、かなり異色ですよね。

児玉 キラキラ青春映画では性があまり赤裸々に描かれない傾向がありますが、そういった監督の背景があってなのか関係がないのか、とにかく『今日、恋をはじめます』は性描写を入れていますよね。

佐々木 二人が裸でベッドに寝ているシーンがありますからね。これは公開時に観てたんですが、僕もスクリーンを観ながら、おお、これをやるんだ!と思いました。

今日、恋をはじめます
監督:古澤健
原作:水波風南
脚本:浅野妙子
出演:武井咲、松坂桃李、木村文乃、山﨑賢人

児玉　原作者である水波風南は、私の中高生時代にカリスマ漫画家で、当時人気だった『レンアイ至上主義』などを読んでいましたが、性描写がとにかく過激なことが特徴でした。『今日、恋をはじめます』は漫画を読んでいませんが、そういう作家の映画化なら性描写もあって当然だろうと思う観客もいたんじゃないかと思います。

佐々木　そういう位置付けの作家であれば、ファンからすると完全に性が脱色されているのもおかしいですもんね。ちなみに古澤監督は『クローバー』（二〇一四）も同じく武井咲で撮っています。今回あらためて二作を観て、美貌ばかりが取りざたされてたけれど、演技もしっかりした気骨のある俳優だと思いました。

児玉　『今日、恋をはじめます』も『クローバー』も、ヒロインの相手役がいわゆる「ドS彼氏」的な男性登場人物なんですよね。この恋愛に対して奥手な女子との掛け合わせもまた、キラキラ青春映画には頻出だと思うんですけど……。

佐々木　「ドS彼氏」と言えば、廣木監督の『オオカミ少女と黒王子』（二〇一六）の話をしたかったんですよ。主演に二階堂ふみを得たことも大きいかもしれませんが、画面の作り方が他のキラキラ青春映画とはさすがに一線を画していると思います。普通、キラキラは俳優の人気ありきなのでどうしてもクローズアップが多くなるんですが、この映画は徹底的に引きの絵で撮られている。さらに長回しも多用している。ヒロインが喫茶店でオオカミ少女を辞める宣言をして出て行って、歩きながらやがて泣き出すのを長回しで追う

クローバー
監督：古澤健
原作：稚野鳥子
脚本：浅野妙子
出演：武井咲、大倉忠義、永山絢斗、木南晴夏

オオカミ少女と黒王子
監督：廣木隆一
原作：八田鮎子
脚本：まなべゆきこ
出演：二階堂ふみ、山﨑賢人、鈴木伸之、門脇麦

クレーン・ショットがあるんですが、ほかのキラキラ青春映画とはまったく違う。あれにはやられました。

児玉 キラキラ青春映画を、少女漫画的な文法よりも、映画的な文法で撮っているのが廣木監督ということでしょうか。周りが恋人持ちだから自分も作らないと恥ずかしいと感じてしまう抑圧や、山崎賢人が演じた男子高校生のハラスメントまがいのコミュニケーションあたりは厳しいと感じてしまいますが、純粋に映画技法だけで観ると『オオカミ少女と黒王子』は評価できる作品だと言っていいんですね。

佐々木 『ストロボ・エッジ』（二〇一五）もそうですが、廣木監督の映画はキラキラ青春映画には珍しいことに、洋楽が思いきり劇中で流れるんですよね。これはそもそも廣木作品の特徴でもあるわけだけど。キラキラ青春映画は楽曲も邦楽タイアップが多いので、廣木監督は強いこだわりのもとで洋楽を使用していると思います。

児玉 そういえば廣木監督は、いかにも若者にウケそうなJ－POPではない楽曲を使用していました。

女が書いて男が撮る

佐々木 『君の膵臓をたべたい』などの月川監督は近年キラキラ青春映画を数多く手がけていま

ストロボ・エッジ
監督：廣木隆一
原作：咲坂伊緒
脚本：桑村さや香
出演：福士蒼汰、有村架純、山田裕貴、佐藤ありさすが、脚本は吉田智子さんという人なんですね。吉田さんは二〇一二年の『僕等がいた』から、『ホットロード』（二〇一四）や『アオハライド』（二〇一四）など多くのキラキラの脚本を書いています。監督はほとんど男性なんですが、脚本は女性なんですよね。

児玉　「女が書いて男が撮る」という性別役割分業的な図式は、キラキラ青春映画でも例に漏れずそうですよね。実写ＢＬジャンルにしても、もともとは女性文化で女性の作者による原作が多いのに、予算が大きくなるほど男性が監督するという図式が揺るがしがたい。近年の『30歳まで童貞だと魔法使いになれるらしい』（二〇二二）、『劇場版 きのう何食べた？』（二〇二一）、『窮鼠はチーズの夢を見る』（二〇一九）など、これらの作品はすべて女性が書いて男性が撮っています。規模が小さくなると、『宇田川町で待っててよ。』（二〇一五）や『どうしても触れたくない』（二〇一四）などの女性の監督によって撮られた例外的なＢＬ映画もありますが、まだ一部です。

佐々木　これはそもそも女性監督がまだまだ少ないという日本映画のジェンダーバランス的な問題ですよね。キラキラ青春映画で監督が女性の場合は、脚本も自分で書いている。『好きっていいなよ。』もその通りの構造になっていて、日向監督が自分で書いています。今の日本映画の代表的な脚本家はテレビドラマも書いているし、シナリオスクール出身で職人的に書ける人たちなんですよね。原作をうまく二時間にまとめて、映画会社とプロダクションの意向を取り入れつつ、盛り上がるホンにするという器用なことができる

僕等がいた　前編後編
監督：三木孝浩
原作：小畑友紀
脚本：吉田智子
出演：生田斗真、吉高由里子、高岡蒼甫、本仮屋ユイカ

ホットロード
監督：三木孝浩
原作：紡木たく
脚本：吉田智子
出演：能年玲奈、登坂広臣

アオハライド
監督：三木孝浩
原作：咲坂伊緒
脚本：吉田智子
出演：本田翼、東出昌大

30歳まで童貞だと魔法使いになれるらしい
↓Ｐ240参照

人が重用される。間違いなく吉田さんはキラキラ青春映画を支えている人のひとりですね。

観客のニーズと男性性

児玉 ところでSFにも造詣が深い佐々木さんにぜひお伺いしたいんですが、『orange』（二〇一五）はどうでしたか？　山崎賢人が事故死してしまうのを未来からの手紙によって防ごうと奮闘する作品でした。小松菜奈と福士蒼汰の『ぼくは明日、昨日のきみとデートする』（二〇一六）は時間軸が逆行する設定でしたが、デヴィッド・フィンチャー監督の『ベンジャミン・バトン　数奇な人生』（二〇〇八）のキラキラ青春映画版のようなものかな、と思いながら観ていました。

佐々木 SF読み的に言えば、それらの作品におけるSF的設定はあまりちゃんと詰められてはいません。タイムパラドックスは数々の名作映画で採用されている魅力的なアイデアですが、同じ時間を何度も繰り返すループ構造とか過去に戻れるという基本的な発想だけ貰って、それでどうなるのかという論理的な部分にこだわると観客がついてこれないと思って、ややこしいところはスルーしてしまう。

児玉 先ほどの「どんでん返し」が必要とされていないという話と地続きなんですかね。

劇場版きのう何食べた？
↓P246参照

窮鼠はチーズの夢を見る
監督：行定勲
原作：水城せとな
脚本：堀泉杏
出演：大倉忠義、成田凌

宇田川町で待っててよ。
監督：湯浅典子
原作：秀良子
脚本：金杉弘子
出演：黒羽麻璃央、横田龍儀

どうしても触れたくない
監督：天野千尋
原作：ヨネダコウ
脚本：高橋ナツコ
出演：米原幸佑、谷口賢志

orange－オレンジ－
監督：橋本光二郎
原作：高野苺

佐々木　やっぱり観客に考えさせるような要素がマイナスだと思われているのだと思います。これは観客が実際にそうだというよりも、あくまで作り手側の意識ということですが。

児玉　『orange』は、まずプロットのひとつ軸として「事故」があるのに、さらにそこに母親問題による「自殺」まで被せてきて、「死」を誘引する原因を二重に配置しているわけですよね。さすがに「死」のモチーフが過剰すぎるのでは。

佐々木　そうですね。キラキラ青春映画のメインターゲットは、圧倒的に女子中高生じゃないですか。だから男性の登場人物をどう描くかが要になってくるんですよね。

児玉　やはり、男性登場人物の造形は興行収入にも関わっていると思いますよね。たとえば興行収入が三十億円を超えている『君の膵臓をたべたい』も『orange』も、それぞれ人気俳優が男性性や「男らしさ」を強く感じさせない、女性の欲望の受け皿になってくれそうな透明感のあるキャラクターが相手役なわけじゃないですか。対して『俺物語!!』（二〇一五）は明らかにそういったステレオタイプな男性キャラクターとはズラされた、体格が良くて見た目は暑苦しい役を鈴木亮平が演じているわけですが、野心のある良作なのに興行収入は九億程度に落ち着いていています。

佐々木　最初の対談でも同じ話題になりましたが、キラキラ青春映画もやはり同じ役者がやたらと何本も出ている。男女ともにそうで、もちろん人気タレントじゃないと客が来ないから当然なんですが、男性俳優の場合は今はなるべく男性性や「男らしさ」を感じさせな

脚本：松居凛子、橋本光二郎
出演：土屋太鳳、山﨑賢人、竜星涼、山崎紘菜

ぼくは明日、昨日のきみとデートする
監督：三木孝浩
原作：七月隆文
脚本：吉田智子
出演：福士蒼汰、小松菜奈、東出昌大、山田裕貴

ベンジャミン・バトン　数奇な人生
原題：THE CURIOUS CASE OF BENJAMIN BUTTON
監督：デヴィッド・フィンチャー
原作：F・スコット・フィッツジェラルド
脚本：エリック・ロス
出演：ブラッド・ピット、ケイト・ブランシェット、ティルダ・スウィントン

いようにするというところとも、キャスティングの問題が繋がっているんでしょうね。

突然のキスと壁ドン

児玉 先ほど『今日、恋をはじめます』でベッドシーンの話題が出ましたが、キラキラ青春映画における性描写問題は議論の俎上に載せる必要があると思います。

佐々木 『好きっていいなよ。』のクライマックスもそうだったんですが、キラキラ青春映画ってとにかく突然のキスが多いですよね。じわじわ盛り上がっていく過程がなくて、手も握ってなかったのに、いきなりキスしちゃう。いわゆる壁ドンもそうですが。

児玉 それはキラキラ青春映画がほとんど少女漫画原作だから、仕方ないんじゃないですか。今の視点で考えれば同意の問題は問われるべきかもしれませんが、不意打ちのキスは少女漫画のときめきアイテムの定番でしたもんね。映画の文法に慣れていると、あるべきショットを挟まずにキスのショットに移行するのは結構驚きます。

佐々木 ページをめくったらキスシーンという少女漫画的なコマ送りの表れなんですかね。ある種の実験性のようなものさえ感じました。メロドラマ的な文法として定番のステップを追って盛り上がっていく演出がない。しかもキスしても、それはそれだけで、突然のわりに決定的な感じではなかったりもして。

俺物語!!
監督:河合勇人
原作:河原和音、アルコ
脚本:野木亜紀子
出演:鈴木亮平、永野芽郁、坂口健太郎、森高愛

児玉　とにかくキラキラ青春映画はそこまで性描写を突っ込んで描けない背景があるので、キス描写にピークを持ってきてそこに賭けるしかないあまり、不自然になってしまうということはないでしょうか？

佐々木　それは言えるかも。でもキスにすべてを賭けているようにも見えないですよね。単に定番だから入れておくとか、当然人気タレント同士なので、ファンがざわつく効果を狙っているというのもあるんでしょう。だから必要ではあるけど、あまり強調もできない。

児玉　キスからは離れてしまいますが、『Ｌ♥ＤＫ』（二〇一四）が火付け役となって流行した「壁ドン」をはじめとして、過剰に性的すぎない行為でかつ必殺技的にターゲット層にときめいてもらうための描写を模索しているのは感じますよね。それこそ『ストロボ・エッジ』でも有村架純の袖を福士蒼汰が後ろからまくってあげる「袖クル」がありました。でもそれは「壁ドン」ほどは浸透しなかった。

佐々木　盛り上がる定番の演出はすぐに消費されて飽きられてしまう。ここ十年くらいはいわば「壁ドン」以降のキラキラ青春映画という感じですよね。

児玉　「壁ドン」のような社会現象になるほどの造語は今後キラキラ青春映画から出てくるんでしょうか。

Ｌ♥ＤＫ
監督：川村泰祐
原作：渡辺あゆ
脚本：松田裕子
出演：剛力彩芽、山﨑賢人

クリシェを超えた秀作──『殺さない彼と死なない彼女』『私がモテてどうすんだ』

児玉 ところで今回挙げたリスト十本の中で、佐々木さんが最も好きだった作品はどれでしょうか?

佐々木 『殺さない彼と死なない彼女』(二〇一九)が断トツに良い映画だと思いました。三つのストーリーが合体している作品なんですけど、どこでどう繋がっているのかわからないエピソードが、最後になって急速に繋がる構造がとても巧みでした。小林啓一監督のデビュー作『ももいろそらを』(二〇一二)は観ていましたが、確かな演出力のある監督だと思います。特にきゃぴ子と地味子のパートが良くないですか?

児玉 「きてくれたのね、私の王子様」と言いながら、体育館裏から女の子ふたりが走り出すんですよね。キラキラ青春映画は異性愛規範も強いですし、『覆面系ノイズ』(二〇一七)の女性的な口調で話す男性キャラクターなどがいますが、クィアなキャラクターはめったに出てこない。ですが、地味子はストレートの女の子ではないものを持っているように感じました。あと、特に撫子と八千代が顕著ですが、「〜わよ」「なんだ」のようないわゆる現代の口語体では嘘っぽいような話し方がまたこの映画の虚構性を高めていて良い。

佐々木 女性の登場人物の話し方がみんなちょっと似ているんだけど、それがだんだん癖になっ

殺さない彼と死なない彼女
監督・脚本:小林啓一
原作:世紀末
出演:間宮祥太朗、桜井日奈子、恒松祐里、堀田真由

ももいろそらを
監督・脚本:小林啓一
出演:池田愛、小篠恵奈

覆面系ノイズ
監督:三木康一郎
原作:福山リョウコ
脚本:横田理恵、三木康一郎
出演:中条あやみ、志尊淳、小関裕太、磯村勇斗

てくる。特に撫子ですね。撫子のパートは時間軸がズレていたことが最後にわかるじゃないですか。あれがとにかくよかった。シナリオがよく出来ている。あと、キラキラ青春映画の定番の「死」ですが、この映画の「死」の導入にはオリジナリティがあると思いました。ちょっとネタバレになってしまうのだけど、非常に重要なひとつの「死」が訪れた後、シーンのあいだに黒画面が挟まるようになるんですよね。

児玉　演出は私も良いと思いました。ハレーションの使い方もそうですし、ハイキーで一貫して撮っているのも、青春時代特有のあのふわふわした感じに近くて。

佐々木　キラキラ青春映画って基本的に白く飛ばしている画面が多いんですが、この映画はその定番をやっているにもかかわらず、新鮮に見えるんですよね。監督の才能だと思います。

児玉　クリシェから逸脱するよりも、そのクリシェに乗っかったうえでさらに他よりもうまくやるほうが難しいですもんね。

佐々木　多少変わったことをやろうとしても、それもすでに使い古されてしまっているだけですからね。『殺さない彼と死なない彼女』は、今回観たキラキラ青春映画のなかでは僕の第一位です。

児玉　私の知る限りでは、今回選んだ作品のなかで最も批評的な評価が高かったのも『殺さない彼と死なない彼女』だったと思います。原作は世紀末さんの４マ漫画ですが、４コマ漫画がこんなに綺麗な一本の作品になるのかと感嘆しました。

佐々木 原作の良さもあると思いますが、原作を新鮮に処理した監督の力量に唸りました。堤幸彦監督で映画化もされた『自虐の詩』も、ギャグなのに途中から急激にドラマティックになっていく業田良家の4コマ漫画が原作でした。4コマ漫画の実写化作品はたまにあるんですよね。『殺さない彼と死なない彼女』と並んで素晴らしかったのは『私がモテてどうすんだ』（二〇二〇）です。さまざまな問題提起を含んだ秀作だと思いました。

児玉 同性愛の商業的消費やルッキズムなどの非常にセンシティブな問題を扱っていますよね。BL愛好家の高校生が推しであるアニメキャラクターの死にショックを受けて急激に痩せてしまうんですが、そしたら途端に学校の男子たちからモテるようになって学校生活が一変します。異性に対するまなざしが一方的だったのに、自分のほうに向くようになって立場が反転するんですね。

佐々木 とても面白く観ました。ヒロインの高校生役を演じた富田望生は、これ以前にも十五キロとか十キロとかを役作りのために何度も増減させてきた女優なんですよね。

キャスティングにかかわる諸問題

児玉 原作は二〇一五年の『このマンガがすごい！』で四位に選ばれた人気漫画なんですが、

私がモテてどうすんだ
監督：平沼紀久
原作：ぢゅん子　私がモテてどうすんだ（講談社別冊フレンド刊）
脚本：吉川菜美、福田晶平、渡辺啓、上條大輔、平沼紀久
出演：吉野北人、神尾楓珠、山口乃々華、富田望生

漫画では同一人物でも、実写化すると物理的に不可能だから痩せる前と後でどうしても別の役者を使わざるを得ないじゃないですか。致し方ないとは思いつつ、いつもこの手の作品を観るとそこに対して心が痛むんですよね……。今その話を聞くと、富田望生一人が演じるのではダメだったんだろうかと思ってしまいました。

佐々木　まったく関係ない映画を出しますが、最近リドリー・スコットの『ハウス・オブ・グッチ』（二〇二二）を観たんです。ジャレッド・レトがパオロ・グッチを演じていて、特殊メイクで普段のレトとはまったく違う、禿げて小太りのおっさんになっているんですよ。そしたら北村紗衣さんがTwitterで「最初から小太りな役者を雇えばいいのでは」と批判的な投稿をしてたんです。

児玉　ジャレッド・レトと言えば、過去にはジャン＝マルク・ヴァレの『ダラス・バイヤーズクラブ』（二〇一三）でも、トランスジェンダー女性の役を男性として活動している彼が演じて批判されたことがありました。レトはまったく別人になりたがる趣向の役者なんでしょうね。キャスティングにおいて被差別属性の就労の問題や外貌的な問題をどういった位相で捉えるかは難しいです。

佐々木　『ハウス・オブ・グッチ』へのそういった批判は、最近のハリウッドで頻発している「当事者排除」の問題のひとつとも言えて、キャスティングに根強く存在する権力構造をさらけ出すという点で必然性がある反面、当事者を当事者以外が演じることはすべて悪と

ハウス・オブ・グッチ
原題：HOUSE OF GUCCI
監督：リドリー・スコット
原作：サラ・ゲイ・フォーデン
脚本：ベッキー・ジョンストン、ロベルト・ベンティヴェーニャ
出演：レディー・ガガ、アダム・ドライヴァー、アル・パチーノ、ジャレッド・レト

ダラス・バイヤーズクラブ
原題：DALLAS BUYERS CLUB
監督：ジャン＝マルク・ヴァレ
脚本：クレイグ・ボーテン、メリッサ・ウォーラック
出演：マシュー・マコノヒー、ジャレッド・レト、ジェニファー・ガーナー

してしまうのも、それはそれで危ういんじゃないかと思うんです。

児玉 当事者性の話とはまた違いますが、予算や時間の都合を一旦置いておくと、痩せた後も一人の役者が演じられた可能性があるにもかかわらず別の役者に演じさせた製作背景は、ルッキズム含めもう少し議論されていい複雑な問題を孕んでいる気がするんですよね……。

佐々木 キラキラ青春映画には、たとえば『君に届け』(二〇一〇)で、性格が暗くて長髪の黒髪だからと「貞子」と呼ばれている女子を多部未華子が演じていましたし、地味だったり冴えなかったりする人物を美麗な容姿の人気俳優や女優が演じるのが当たり前になっているじゃないですか。

児玉 新木優子主演の『あのコの、トリコ。』(二〇一八)でも吉沢亮が冴えないメガネ男子でしたし、『今日、恋をはじめます』でも武井咲が地味な女子を演じていましたし、挙げると枚挙にいとまがないですね。しかも両作品ともに華麗に「変身」します。

佐々木 そう。「地味な女性がメガネを取ったらゴージャスな美人」というパターンはハリウッドでも多用されていたわけで、それと同じとも言えるんですが……でも、その逆はほとんどないじゃないですか。

児玉 ルッキズムと当事者性の問題は、これからますます議論されていくところですね。

君に届け
監督：熊澤尚人
原作：椎名軽穂
脚本：根津理香、熊澤尚人
出演：多部未華子、三浦春馬

あのコの、トリコ。
監督：宮脇亮
原作：白石ユキ
脚本：浅野妙子
出演：吉沢亮、新木優子

恋愛と自己決定権

佐々木　『私がモテてどうすんだ』に話を戻しますが、太ったり痩せたりする主人公に富田望生がキャスティングされたのは、実際に痩せたときを演じたのはアイドルの山口乃々華ではあるけれど、富田さんが役作りで実際に体重を増減させてきたというコンテクストが関係していたと思うんです。脇役でボーイッシュな高校生が出てきますが、演じているのはトランスジェンダー男性であることをカミングアウトしているモデルの中山咲月なわけですよね。キャスティングにも製作者側の姿勢を感じる作品でもありました。

児玉　この映画はミュージカルも入ってくるんですが、山口乃々華はE-girlsでもあるんですよね。彼女がＬＤＨのダンス&ボーカルグループのメンバーであることと歌って踊ることが繋がっていて、キャスティングと物語内容やスタイルが影響関係にあるという指摘はその通りですね。ルッキズム問題に関しては佐々木さんはどう感じていますか？

佐々木　人は見た目に左右される側面がどうしたってあるという事実を否定せずに、そこからきちんと問題を突き詰めていった、かなり誠実な作品だと思いました。

児玉　結末の話になってしまってもいいでしょうか。私はこの映画を観ながら、痩せた主人公が男子からモテるんですけど、結局はまた痩せる前の自分に戻って趣味に生きていくのが幸せだと気付く結末になると予想していたんですよ。作り手はそれがスタンダードな読みと想定して、あえてズラしたんじゃないかな。

佐々木 主人公は自分の趣味を選んだと同時に、痩せた自分も選んだということなのかなと思います。

児玉 たしかに、趣味を選びながら痩せている姿をとることもできますもんね。ラストで流れる曲の歌詞には「恋も愛もくだらない」とあるんですが、一方で別のレイヤーでは恋や愛の可能性を示唆して終わっているとも言える。多層的な結末になっています。

佐々木 僕はどちらかを選んでどちらかを捨てる、という二択の結論でないところがいいと思いました。BLでなくてもいいんですが、比較的メジャーではない趣味嗜好が、他の何かの欠損を埋めるためのものだという考え方がキライなので。異性にモテてるひとが非モテ的な趣味を持っててもいい。異性愛を諦めたがゆえに同性愛に向かうというのは、実際にはよくあるのかもしれないですが、異性愛にも同性愛にも失礼というか……。

児玉 今の話を聞いて腑に落ちました。単純な言い方になってしまうかもしれないですが、主人公はもともといわゆる恋愛市場からは外れて趣味に没頭している女子として描かれていました。だからこそ、そうではなくむしろ現実の恋愛を楽しもうと思えば楽しみやすい自分になることで、それでも趣味に没頭するのは決して消極的にそれしかなかったからではない、と主張してもいるわけですよね。もちろんだからと言って、恋愛するのが素晴らしいいんだと結論づけられているわけではありません。恋愛至上主義に陥る危険も同時に回避している。

佐々木 太っている姿で趣味に没頭するか、痩せている姿で恋愛を楽しむか、ということではないんですよね。自己決定権をしっかり描けていると思います。

児玉 『センセイ君主』（二〇一八）は主人公である女子高校生と数学教師の男性の恋愛を描いたキラキラ青春映画なんですが、教師が主人公に「なんで勉強が大事だと思う？」とか「なんで彼氏が欲しいの？」とか、ことあるごとに理由を聞くんです。実際、主人公は映画の開巻のモノローグから「高校生になれば自然と彼氏ができるって、そう思ってた」と言ってしまうほど、自分の意志や考え方が希薄なんですよ。このキラキラ青春映画ももう少しそこに立脚して、若い女性の自己決定権を突き詰めていけばより良作になったはずです。

キラキラ青春映画の限界と可能性

児玉 さて二〇一七年あたりをピークとして「キラキラ青春映画」と迷わず名指せる作品の公開は減っていますが、現在の最新作である『ライアー×ライアー』（二〇二一）を観て、さすがにここまでこのジャンルは変化がなくていいのだろうかと思ってしまったのも否めません。結末にいきなり触れてしまうのですが、この映画ではエンドロールで結婚式

センセイ君主
監督：月川翔
原作：幸田もも子
脚本：吉田恵里香
出演：竹内涼真、浜辺美波

ライアー×ライアー
監督：耶雲哉治
原作：金田一蓮十郎
脚本：徳永友一
出演：松村北斗、森七菜

の場面が流れるんですね。大枠としてはこの映画は義理兄弟ものなんですが、彼らの葛藤の中心には「結婚」があるんです。どういうことかというと、弟のほうは実は密かに姉に恋愛感情を抱いているんですが、簡単に言ってしまうとそれを隠していた理由が義理の兄弟は結婚できないと思っていたからで、そうではなく結婚できるとわかったからもう隠さなくていいとなるんですね。そもそも結婚が認められていない関係性のカップルを映画自体が否定しているようなものですし、誰かと親密な関係性を築いていく営みが婚姻制度に依拠しすぎている。

佐々木 結婚式で終わる結末で思い出したのがまた『恋と嘘』なんですが、あの映画の結末では森川葵が北村匠海の墓前にいて、そこに政府が選んだ結婚相手の男がやってくるじゃないですか。

児玉 「自由婚」で自分の選んだ結婚相手が死んでしまった後に、「政府婚」の相手と結ばれるような未来を予知して終わる。つまり社会で定められたルールに逆らったのに、結局は保守的なイデオロギーに還元されていくともとれてしまうわけですよね。

佐々木 そうそう。保守的な規範をひっくり返そうとしつつ、やはりそうはならない、というか出来ない。土台がどうしても保守的なのは仕方がないとも思うんですが。そうでなければ「キラキラ」ではなくなってしまうし。

児玉 進歩的だと「ギラギラ」になってしまうってこと？　ほかにも『ホットロード』では、

のん演じる女の子の「いつか春山の赤ちゃんのお母さんになりたい。それが今の私の誰にも言っていない小さな夢です」のモノローグとともに、エンドロールが流れます。キラキラ青春映画を観るにあたって、批判的になりすぎないように抑制していましたが、最後にそう宣言して終わる映画にはあまりに強固なイデオロギーを感じざるを得なかったのが正直なところです。だってキラキラ青春映画を観る層は、中高生くらいの女性たちなわけでしょう。もちろん母になることを夢見る現実自体を否定しませんが、「表現」である以上は特定の領域においてそればかりになるとやっぱり問題ですよね。

佐々木　あれは原作がそもそもヤンキー的な世界観の漫画ですから。斎藤環も言っていますが、ここ二十年ほどのあいだに日本社会はヤンキー化したので、ヤンキー的な人生が一種の理想モデルになり得てしまう。

児玉　若い女性に対する「好きな男性の子供を生んで母親になる」というイデオロギーが今現実の日本社会にも厳然と横たわっている以上、映画でもって改めて植え付ける必要があるのかと疑問なんです。私たちはこうして洗脳されてきたのかと回顧してしまう。

佐々木　僕もそう思いますが、残念ながらそこを疑問に感じる観客は今の日本社会ではマイノリティなのかもしれない。

児玉　それでいうと『恋と嘘』には、設定が設定なだけに期待していた部分も大きかったんですよ。恋愛、結婚、出産という異性愛を基盤にした規範的なライフコースを、ある種の政治的な「システム」に過ぎないと提示しているともとれるじゃないですか。十分に脱構築可能な条件が揃っていたわけですよね。しかし村田沙耶香の小説のようにはならない。

佐々木 児玉さんは「脱構築」を求めるかもしれないけど、そうしてたらヒットしていないと思います（笑）。

児玉 『恋と嘘』は設定が政治的なのにもかかわらず、政府や政治家の存在がまるで空虚で、キラキラ青春映画の政治性の無さは設定で明確に政治が絡んできたとしても揺るがないのかと思いましたよ。あと森川葵が政府の決めた相手とホテルの高級ラウンジでお茶している一方で、友達はファミレスで割り勘なんですよね。『あの娘は貴族』（二〇二一）のような作品もありましたが、日本映画では階層差が表面的に隠されていることも多いので、そういったものが少し垣間見えつつも、深くは掘り下げられていかないのも惜しい。

佐々木 階層の問題は、全員が大金持ちという設定の『かぐや様は告らせたい』（二〇一九）とかのほうが、逆説的に俎上に上げられるのかもしれませんね。スクールカーストも最近はあまりリアリティを持っては描かれなくなっている気がします。経済格差や、いわゆる「親ガチャ」のような社会問題がどんどん描きにくくなっているのは、実際にそれに苦しんでいる人がどんどん増えているからでしょう。「キラキラ」を期待して観に行った

あのこは貴族
監督・脚本：岨手由貴子
原作：山内マリコ
出演：門脇麦、水原希子、高良健吾、石橋静河

かぐや様は告らせたい ～天才たちの恋愛頭脳戦～
監督：河合勇人
原作：赤坂アカ
脚本：徳永友一
出演：平野紫耀、橋本環奈

人が思いがけず傷ついてしまったらダメなので。

児玉　そうですね。キラキラ青春映画というジャンルの限界と可能性について、少し垣間見えた気がしました。

佐々木　キラキラ青春映画をまとめて観ていくと、つくづく大ヒットすることと映画として価値があることはもはやまったく別なんだと感じました。それでも、そこから浮かび上がってきたものがあるような気がします。

児玉　キラキラ青春映画というジャンルは批評家や研究者による言説が蔑ろにされたり、語るに値しないと見做されてしまったりされがちです。実際に私と佐々木さんもきちんと観たのは今回が初めてだったわけですが、こうして語ってみると論点は豊富にあったので、もっと活発に議論されてもいいと思いましたね。

〈二〇二二年二月六日収録〉

第五章

肉体と精神／リアルとフィクション

ドロドロ性愛映画

『火口のふたり』
原作：白石一文「火口のふたり」（河出文庫刊）　監督・脚本：荒井晴彦
Blu-ray￥5,800+税　DVD￥4,800+税　発売中　発売元：バップ　

「キラキラ青春映画」の対立項

児玉 今回は「キラキラ青春映画」の対立項として「ドロドロ性愛映画」と名付けて対談していこうと思います。

佐々木 キラキラ青春映画がどうしても描けない「性愛」にフォーカスした恋愛映画を取り上げてみようということですね。

児玉 まさにキラキラ青春映画ジャンルとは対極（？）にある、日活ロマンポルノからまず一作品選びたいのですが、田中登の『㊙色情めす市場』（一九七四）です。大阪の旧赤線地帯を舞台に、十九歳のセックスワーカーのトメの生／性が描かれます。トメの弟も印象的で、通天閣に登って縄で括った鳥を飛ばそうと手を離したら、その鳥が飛んで行かずにぐったりとぶら下がってしまう、そのショットも凄まじくて。力強さと悲壮感が拮抗している映画ですよね。

佐々木 日活ロマンポルノの中でも屈指の名作とされている作品ですね。徐々にトメの知的障害の弟の存在感が増していき、画面造形的にはアングラっぽさが際立っていきます。

児玉 五十周年を記念して「私たちの好きなロマンポルノ」特集上映がシネマヴェーラ渋谷で二〇二一年にありましたね。佐々木さんも名を連ねていた五十二名の選者のうち、十四名も『㊙色情めす市場』を推薦作品に選んでいました。男女比はちょうど半々です。日

㊙色情めす市場
監督：田中登
脚本：いどあきお
出演：芹明香、花柳幻舟、夢村四郎、岡本彰、宮下順子

活ロマンポルノを研究されている鳩飼未緒さんの「日活ロマンポルノと女性観客」という論文では、とりわけ田中登の作品には女性観客を惹きつける特性があるのではないかと仮説を立てていました。それに対して今結論めいたものを出すのは難しいですが、芹明香演じるトメの主体性は当然その一翼を担っているに違いない。トメは自尊心を傷つけられたと思ったら、徹底的に戦うことを厭わない。

佐々木　この映画では犯罪者やセックスワーカーなどアウトローたちの共同体が描かれていて、殺伐として最後は救いがない終わり方に見えるんですが、なぜかどこか爽やかでもある。セックスワークの性描写に関しては、ポルノにありがちな「仕事にもかかわらず身体は性的に感じてしまう」という描写がなく、ただ身体を提供しているだけなんだというドライに割り切っている感じがカッコ良い。それが当時としても新しかったと思います。

児玉　セックスワークに従事している女性はセックスが好きだからしているといったよくある男性目線の思い込みを蹴散らしていますよね。この映画ではセックスワークにおけるセックスは仕事であり、セックスはセックスでしかない。トメが性経験を得られてこなかった弟とも性行為をするのは衝撃でしたが、それはそういった思潮を補強している。

佐々木　近親相姦なのに、禁忌を犯すエロティシズムが発動しないんですよね。そういう意味では掛け値無しにアンモラルなヒロインなんですが、そのアンモラルさがサヴァイヴと分かち難く結びついている。ドロドロしているというよりか、むしろサバサバしているのかも（笑）。

性描写とリアリティ

児玉 ヒロインの魅力と言えば、この後大島渚の『愛のコリーダ』（一九七六）の話に入っていこうかと思っているんですが、田中登が監督した『実録・阿部定』（一九七五）よりも、正直『愛のコリーダ』のほうが面白かったです。何と言っても『愛のコリーダ』は松田暎子演じるところの定が類まれな狂気的な雰囲気を醸成させているのに対して、『実録・阿部定』の定はいまいちインパクトに欠けている気がしました。もっとも田中登は六六四万しか予算がなかった低予算に恨みつらみを口にしていたようなので、予算が桁違いの大島渚の作品と比較するのも酷な話かもしれませんが……。

佐々木 阿部定は実在した人物なので、リアリスティックな『実録・阿部定』のほうがより本人に近い可能性もありますけどね。『愛のコリーダ』で議論の俎上に上げるべきなのは、性行為を本当にやるかやらないかの問題ですよね。

児玉 本当に性行為をしている映画といえば、十代の頃に長いオーラル・セックスがあるヴィンセント・ギャロの『ブラウン・バニー』（二〇〇三）を観て気分が悪くなった経験があ

愛のコリーダ
監督・脚本：大島渚
製作：若松孝二
出演：藤竜也、松田英子、中島葵、芹明香

実録・阿部定
監督：田中登
脚本：いどあきお
出演：宮下順子、江角英明

ります（笑）。『愛のコリーダ』はたしかに性行為が本物なだけあってリアリティはありますが、血はあからさまに血糊を使っていて作為的なわけですよね。リアリズムを追求する作品だから性行為も本当にしなければいけないということではなかった。

佐々木　だから大島渚はリアルを目指したというより虚実皮膜を追求していたのかなとも思います。荒井晴彦の『火口のふたり』（二〇一九）は延々と男女がセックスばかりしていますが、もちろん本当にしているわけではないですよね。

児玉　『火口のふたり』はかつて恋人同士だったイトコ関係の賢治と直子が久しぶりの再会を果たして、直子の婚約者が帰ってくるまでの五日間を共に過ごす作品でした。『火口のふたり』もそうですが、荒井晴彦は脚本をてがけた『ヴァイブレータ』（二〇〇三）や『戦争と一人の女』（二〇一二）でも、脚本と監督を務めた『この国の空』（二〇一五）でも、限られた時間と閉鎖された空間における女性の性を幾度となく描いてきた人なんですよね。

佐々木　かつてのロマンポルノやピンク映画へのノスタルジーの発露のような作品にも感じました。ちなみに、ラストのあの富士山には唖然とさせられました。あれ、驚きませんか？（笑）。

児玉　富士山のイラストを背景に男女が喘ぎ声を響かせているラストですね。「富士山の噴火」という日本における象徴にまつわるカタストロフィを、ああしたイラストにしてい

ブラウン・バニー
原題：THE BROWN BUNNY
監督・制作・脚本・撮影・美術・編集：ヴィンセント・ギャロ
出演：ヴィンセント・ギャロ、クロエ・セヴィニー

火口のふたり
監督・脚本：荒井晴彦
原作：白石一文
出演：柄本佑、瀧内公美

ヴァイブレータ
監督：廣木隆一
原作：赤坂真理
脚本：荒井晴彦
出演：寺島しのぶ、大森南朋、田口トモロヲ

戦争と一人の女
監督：井上淳一
脚本：荒井晴彦、中野太
出演：江口のりこ、永瀬正敏、村上淳

わば戯画化させていたのは荒井晴彦的じゃないですか。この国が滅びるなんてどうでもいい、それよりもなによりもセックスだ、と。

佐々木 セックスをはなから美しいものとして描こうとしていないのが良かったですね。そこに関してはリアリティがあって、役者の力も相まって次第に理屈抜きの愛おしさが伝わってくる。政治的な題材とは言えないけれど政治的な映画というか、反時代的な作品ですよね。

児玉 『火口のふたり』は、私も企画に参加した『映画芸術』では二〇一九年の日本映画ベストで誰もが予想した通り一位を取りましたが、『キネマ旬報』の日本映画ベストテンでも一位を取りました。荒井晴彦自身が編集長である『映画芸術』はさておき、『キネマ旬報』でも一位は快挙でした。

佐々木 荒井さんが撮った映画では、一番完成度が高いと思う。

児玉 『㊙色情めす市場』では姉と弟の性的関係に禁忌によるエロティシズムが皆無という話がありましたが、『火口のふたり』ではイトコ同士であることや、婚姻外の不貞行為などの禁忌によるエロティシズムを寧ろ前景化させている。恋愛のナイーブさや幻想をとうに越して、とにかく食べる、排泄する、セックスする、しかないような人間の本質をシンプルに描いた映画でした。

この国の空
監督・脚本：荒井晴彦
製作：奥山和由
原作：高井有一
出演：二階堂ふみ、長谷川博己、工藤夕貴、富田靖子

性欲と恋愛、キラキラとドロドロ

佐々木　ところで、前にも触れましたが、あらゆる恋愛映画は、その背後に性的欲望と恋愛感情の相克というテーマが潜在していると思います。

児玉　そのテーマとまさに繋がるのは、三浦大輔の『愛の渦』（二〇一四）ではないでしょうか。門脇麦や池松壮亮らが出演した映画で、乱行パーティの一夜を描いています。

佐々木　そうですね。『愛の渦』は、恋と性、キラキラとドロドロが区別できないということを描いた映画でした。

児玉　この映画は結末が意外だったんですが、性的欲望と恋愛感情を一緒くたにしてしまったがゆえの悲劇と取れるんでしょうか。公開当時、ライターの雨宮まみさんをゲストに迎えた女性限定のトークショーが行われたらしいんですが、レポートを読むとあの結末の池松壮亮がかわいそうだと思った人がほとんどいなかったと書かれていて、余計切なくなりました。

佐々木　三浦大輔は映画監督としても活躍していますが、もともと劇団「ポツドール」を主宰する演劇作家で、『愛の渦』の舞台版は乱行パーティの会場がセットになっていてそこで物語が展開していくんですが、彼は初期から一貫してしょうもない人間の欲望を赤裸々に描く作家なんです。『愛の渦』は岸田國士戯曲賞の受賞作です。セックスがしたくて

愛の渦
監督・原作・脚本：三浦大輔
出演：池松壮亮、門脇麦、新井浩文、滝藤賢一

したくてたまらなくなって集まった人たちを描いた作品なのに、同時にピュアな恋愛映画になっている。恋愛感情というものが、どのように生成されるのかをリアルかつ繊細に描いた作品です。

児玉 この映画で乱行パーティに参加する人たちはだいたい単独なんですが、途中でカップルが他の人とセックスするために参加してきますよね。しかも皆の前で痴話喧嘩までしはじめる。性の問題に愛や恋などを動員するためにも、カップルのエピソードがあった。

佐々木 池松壮亮はセックスした相手に恋愛感情を抱いてしまうわけですが、それは純愛にも見えるし、単純なだけのようにも見える。三浦監督はそこにある矛盾を見事に突いていて、しかも「恋愛の本質って結局ヤリたいってことだろ?」的な鋭い問いかけがある。観客の恋愛/性愛観を試してくるんですよね。

児玉 映画の随所随所でリトマス紙を仕込んでいると思いますが、池松壮亮の役どころは特に分かれそうですよね。佐々木さんは舞台もご覧になったとのことですが、三浦大輔の舞台での性描写の演出はどうでしょうか?

佐々木 『愛の渦』の舞台は場面転換がなくて、舞台上方の奥の空間にブースが設けてあって、そこで役者がセックスしている演技をする。映画とは違ってカメラが寄らないので、観客はもっと冷静に、客観的にそれを見ることになります。

児玉 私は舞台の『愛の渦』は未見ですが、『娼年』は映画も観て舞台にも行きました。斜め上から見下ろす席でしたが、臨場感が凄まじくて「本当にしているんだろうか……」と思ってきてしまう。

佐々木　一瞬、そう思ってしまいますよね。というのも、もともと三浦大輔はリアリズムというか生々しさをとことんまで求める演出家だったからです。たとえばワンシチュエーションだけを用意しておいて、役者同士を追い込んで本気で喧嘩するように仕向けたりする。役者に相当に負荷のかけるタイプの演出家として悪名（笑）が轟いていたんです。

エロと芸術

児玉　臨場感といえば、日本では映画で性器などにモザイクがかかるじゃないですか。映画を観ていてモザイク加工が入ると、どうしても醒めてしまう。城定監督のＢＬ映画『性の劇薬』（二〇二〇）を観たとき、隠されるべきところが絶妙に隠れている技術にいちいち感嘆しました。シーツの隆起や小物などをうまく使っていて……。

佐々木　城定監督はピンク映画出身ですよね、それはピンクの常套手段ですよ。絡みの場面で接合部分の手前に花瓶とか障害物を配するという。でも『性の劇薬』はすごくエロティックに感じました。

児玉　ピンク映画で磨かれたテクニックだったんですね。ＢＬ映画であの撮り方は初めて観た

性の劇薬
監督・脚本：城定秀夫
原作：水田ゆき
出演：北代高士、千葉誠樹、階戸瑠李

かもしれません。『性の劇薬』は物語の設定などはリアリティがあるとは言えないですが、やはり性描写はそう感じますよね。自分を監禁した医者の男に最終的に恋してしまう男の物語なので、ある種のレイプファンタジーで、身体に心が追従してしまう。私が城定監督を信頼しているのは、「エロが芸術になってしまったらそれはやっぱり堕落なんです」とも言っていて、「エロではなく芸術（だから素晴らしい）」という賞賛には反対意見を持っているところです。エロはエロでよくて、芸術にならなくていい、という考え方に共感します。そういえば、「エロと高尚」というテーマをその一つに持っているのが、ラース・フォン・トリアーの『ニンフォマニアック』（二〇一三）でしたね。怪我をしていた色情症の女性を助けた性経験のない博識な老人が、彼女の生涯の語りを聞いていく形式の映画です。

佐々木 僕はフォン・トリアーの作品では『メランコリア』（二〇一一）がいちばん好きなんですが、『ニンフォマニアック』はトリアーのタブーを問題化しない独特な倫理観がうまく機能している映画だと思います。「アンモラルに挑戦」と意気込んでいる感じもなくて、なんだかあっけらかんとしている。スタイルは違いますが、ペドロ・アルモドバルにも近いものを感じます。描いていることはすごくシリアスなのに、タッチがどこか抜けているというか、コミカルなんですよね。

児玉 アルモドバルの『トーク・トゥ・ハー』（二〇〇二）は昏睡状態の女性を介護する男性が、

ニンフォマニアック Vol.1Vol.2
原題：NYMPHOMANIAC: VOL. I, VOL. II
監督・脚本：ラース・フォン・トリアー
出演：シャルロット・ゲンズブール、ステラン・スカルスガルド

メランコリア
原題：MELANCHOLIA
監督・脚本：ラース・フォン・トリアー
出演：キルステン・ダンスト、シャルロット・ゲンズブール、アレキサンダー・スカルスガルド、ブラディ・コーベット

彼女に片思いするあまり、性暴行を働いて妊娠させてしまう酷い話なんですが、小さい男性が女性の膣に入っていくコミカルな劇中映画を挿入させていたり、タッチはどこか軽快でもあるんですよね。

佐々木　ネットで『トーク・トゥ・ハー』のレビューを調べたら、ほとんどの人が「キモい」と書いているんですよね。

児玉　そう、Googleでこの映画のタイトルを入れると、関連ワードとしてすぐに「気持ち悪い」と出てきます（笑）。

佐々木　でも、気持ち悪さは百も承知で、アルモドバルはああいうかたちの愛を提示したかったわけですよね。『トーク・トゥ・ハー』の介護士の男に向けられた「キモい」は、『愛の渦』の池松壮亮が演じた男への反応と通ずるものがあるのかも。非モテの暴走への嫌悪。今ってどうしても「ありかなしか」の二択に陥ってしまいがちなので、そう考えればどちらも「ないわー」ってことにならざるを得ない。よくわからないですが、アルモドバルの映画をわざわざ観ようと思うような観客でさえ、美談のはしごを外されると引いてしまうのか……。

トーク・トゥ・ハー
原題：HABLE CON ELLA
監督・脚本：ペドロ・アルモドバル
出演：ハビエル・カマラ、ダリオ・グランディネッティ、レオノール・ワトリング、ロサリオ・フローレス

「悪」や「異常」を描けない時代

児玉　アルモドバル作品を含め、こうして過去の恋愛映画をいくつも見直していくにつけ、どうしても「現代映画ではもうこんな作品は撮れないだろう」という価値判断を避けられなくなっていると改めて実感しました。

佐々木　そうですね。「狂気の愛」は「狂気」としか受け取られない。作品を受け入れる土壌がどんどん狭量になっていっていると思います。嫌なものは嫌だという寛容さを欠いた観客の感情が可視化されるようになって、それを無視できなくなってしまった。もちろん『トーク・トゥ・ハー』の介護士の男がした行為を肯定するわけではなくて、アルモドバルは要するに「ひとはどうして気持ち悪いことをしてしまうのか」、そこに宿る感情の複雑さや心の謎を描いているわけで、なのに「ここに気持ち悪い男が存在している」だけになってしまう。このままでは映画は「悪」も「異常」も描けなくなってしまうかもしれない。世界には明らかに「悪」も「異常」も蔓延しているにもかかわらず、です。

児玉　アルモドバルが全盛期だった時代の「クィア映画」と、日本をはじめ現代に製作されている「ＬＧＢＴ映画」とは乖離している気がします。前者はあえて不道徳さや不純さを全面に押し出してひたすら規範性を解体せんとする反骨精神で成り立っていますが、後者は規範の外で新たに構築された規範性を強化していくような生真面目さで成り立っている。前者に対する耐性のようなものが、観客からどんどん失われていっていると感じるときもあります。

佐々木　その通りですね。「virtue signaling（美徳シグナリング）」というのは、主にSNSなどで政治的な正しさを殊更にアピールして自分の正しさを顕示しようとすることです。リベラリズムは多様な価値観に開かれていく、あるいは開いていくべきだとする考え方なはずですが、実際には閉じていっているところもあるのが問題で、だからたとえばLGBTQの問題はリベラルであることとは別の問題として立てなければいけないと思うんです。LGBTQはリベラルな人たちだけではないわけですしね。LGBTQではない人たちと同様に、いろんな政治的スタンスの人もいれば、自分たち以外の属性に対して差別意識を抱く者だっている。映画に限らず音楽や文学などの芸術にも言えますが、極めて表層的な「リベラルであること」「倫理的であること」が受容態度にもかなり影響を及ぼしていっている現状は、ひょっとしたら貧しいのではないかとさえ思ってしまいます。

児玉　内容そのものより、この映画は評価しやすいししたほうがいいが、この映画は評価しないでおいたほうがいい、というような対外的なポジションが一つの基準になり得てしまう。

佐々木 この流れでセドリック・カーンの『倦怠』（一九九八）について話すと更に話題が錯綜しそうですが、僕は大好きな作品で、何度観ても面白い。ジャン＝リュック・ゴダールの『軽蔑』（一九六三）と同じくアルベルト・モラヴィアの小説が原作ですが、ゴダール以上に原作から飛躍している（笑）。

児玉 死んでしまった老画家のモデルをしていた少女に恋した主人公である哲学の教授が、彼女に翻弄されて次第に常軌を逸していく作品です。その常軌の逸し方がとんでもないわけですが……。最初は主人公が男性を追い回していたので、男性に興味を持っているのかと思ったら違いました。

佐々木 ある意味で『愛の渦』と似ていると思うのですが、主人公は頭では自分はあくまでも冷静で、少女とのセックスにのめり込みながらもいつでもやめられると思っている。なぜなら単にカラダが目的なだけだから。ところが次第に行動がそれを裏切ってしまう。要するに、いつのまにか彼は少女に恋してしまっている。それはどう見ても性的な執着なんですが、あまりに強すぎて、恋い焦がれている状態、恋に狂っている状態と見分けがつかない。滑稽極まりなくて、ほとんどコメディなのに、どこか胸打たれる。

児玉 究極の片思い映画でしたね。とにかく主人公の自意識が暴走してひたすら喋り続けている。ジャック・ドワイヨンの『ラブバトル』（二〇一三）も、恋の駆け引きに興じる男女がほとんど会話だけで前半の時間を持たせてしまう。

倦怠
原題：L' ENNUI
監督・脚本：セドリック・カーン
原作：アルベルト・モラヴィア
出演：シャルル・ベルリング、ソフィー・ギルマン

軽蔑
原題：LE MEPRIS
監督・脚本：ジャン＝リュック・ゴダール
原作：アルベルト・モラヴィア
出演：ミシェル・ピッコリ、ブリジット・バルドー、ジャック・パランス、フリッツ・ラング

ラブバトル
原題：MES SEANCES DE LUTTE
監督・脚本：ジャック・ドワイヨン
出演：サラ・フォレスティエ、ジェームズ・ティエレ

佐々木　『ラブバトル』は性愛を描いているのに、どうしても頭で考えてしまっている感じが、なんと言うかフランス映画っぽいと思いました。ラストの格闘はフィジカルなのだけど、どこか観念的でもある。ドワイヨンの作品のなかでも特殊な位置付けにある映画ですよね。

児玉　ただ、ドワイヨンのセックス描写には、一貫したものがあるように感じます。マルーシュカ・デートメルス演じるレズビアンが、ジェーン・バーキン演じる元恋人を奪還しようとする『ラ・ピラート』（一九八四）でも、女性同士のセックスがエロティシズムも希薄にほとんど取っ組み合いとして描かれていますよね。たとえば日本でもシャンタル・アケルマン映画祭が開催されますが、そこで上映される『私、あなた、彼、彼女』（一九七四）の女性同士のベッド上での行為も、肉体と肉体のぶつかり合いさながらでした。違うのは、アケルマンのほうがドワイヨンよりも官能性を湛えているところです。

佐々木　それらの作品と比べると、セリーヌ・シアマの『燃ゆる女の肖像』（二〇一九）の性描写はかなり綺麗でナチュラルに描かれていると思いました。ドロドロではなくサラサラというか。

児玉　審美性で貫かれた映画ですからね。キューブリックの遺作となった『アイズ ワイド シャット』（一九九九）も最後が「ファック」で終わる通り、性に特化した映画として今回選んでいましたが、いざ見返してみるとそこまでドロドロしていなかった。

ラ・ピラート
LA PIRATE
監督・脚本：ジャック・ドワイヨン
出演：ジェーン・バーキン、マルーシュカ・デートメルス、アンドリュー・バーキン

私、あなた、彼、彼女
原題：JE TU IL ELLE
監督・製作・脚本：シャンタル・アケルマン
出演：シャンタル・アケルマン、クレール・ワティオン、ニエル・アレストリュプ

燃ゆる女の肖像
↓P226参照

アイズ　ワイド　シャット
原題：EYES WIDE SHUT
監督・製作：スタンリー・キューブリック
原作：アルトゥール・シュニッ

佐々木 僕も見返して同じように感じました。『アイズ・ワイド・シャット』は、主演のトム・クルーズとニコール・キッドマンが当時私生活でも夫婦だったという事実がキューブリックにとって重要だったのだと思いました。彼らにあの夫婦を演じさせるために撮ったのではないかと。

児玉 今日話していくなかで、性行為を本当にしているのか演技なのか、という映画と現実の行為の問題が話題に上がりましたが、そことも繋がってくるところですね。私たちの守備範囲から漏れているだけなのかもしれませんが、性愛に特化していてかつ「恋愛映画」と呼べるようなきわめてドロドロした作品は意外と少ないのかもしれません。

〈二〇二二年三月十七日収録〉

ツラー
脚本：スタンリー・キューブリック、フレデリック・ラファエル
出演：トム・クルーズ、ニコール・キッドマン、シドニー・ポラック、トッド・フィールド

第六章

「恋愛／映画」に惹かれるもの

オールタイム・ベスト恋愛映画・日本編

乱れ雲
悶絶!!どんでん返し
ドレミファ娘の血は騒ぐ
トカレフ
あなたがすきです、だいすきです
2／デュオ
unloved
ともしび
ある優しき殺人者の記録
れいこいるか
カルメン純情す
美しさと哀しみと
風たちの午後
戦場のメリークリスマス
undo
渚のシンドバット
贅沢な骨
blue
Dolls
NANA

『風たちの午後』

『風たちの午後（デジタルリマスター版）』 DVD好評発売中／4,180円（税込） 販売元：映画24区

男性性の微弱さが生む「女性映画」——『乱れ雲』

児玉 今回からは私と佐々木さんがオールタイムベスト恋愛映画を日本と外国でそれぞれ十本ずつ選んで、話していこうと思っています。わかりやすく時系列順に挙げていきましょうか。

佐々木 僕はなるべく年代に幅があるように選んだんですが、こうして並べてみると自分が「恋愛/映画」の何に惹かれるのかが浮き彫りになっていると思いました。

まず一本目は、成瀬巳喜男の『乱れ雲』(一九六七)です。成瀬の遺作ですね。僕は若い頃に集中して成瀬を観て、小津安二郎よりも好きと言い切れるくらいにハマりました。諸藩の事情でいまだに実現していませんが、一時は長編の成瀬論を書こうとしていました。『乱れ雲』は司葉子と加山雄三の主演で、冒頭で司葉子の夫が交通事故で亡くなるんですが、その加害者が加山雄三。当然ながら彼女は彼を憎み、恨むのですが、そんな二人が運命の導きで恋愛関係になっていく。後期成瀬巳喜男的な世界の完成形と言える映画だと思います。

児玉 佐々木さんは『乱れ雲』や他の成瀬映画における女性表象をどのように捉えていますか?

佐々木 『乱れ雲』に行き着く後期成瀬巳喜男の作品は、事故や病気などで夫がいなくなるとい

乱れ雲
監督:成瀬巳喜男
脚本:山田信夫
出演:加山雄三、司葉子、草笛光子、森光子、浜美枝

う設定が非常に多い。夫の座が不在になって、それで妻がどうするのか、そして夫の空白に誰が入るのか。『乱れ雲』はそのもっとも典型的な作品と言えます。愛する夫を奪った男に対して、司葉子は冷たく振る舞う。序盤に決定的な台詞があって、司葉子が加山雄三と喫茶店で初めて会ったときに「あなたのその椅子に、主人が座って私たちは栄転を祝っていたんです」と言うんです。その台詞は『乱れ雲』がどんな映画であるのかという宣言であり、説話的には糾弾の言葉が恋愛の予告になっている。つまり死んだ夫の椅子に加山が座る物語ということです。成瀬にはそれまでも同じような設定の作品があったんですが、『乱れ雲』はあからさまな台詞として登場人物に言わせてしまっている。

もう一つの特徴は、交通事故の描写です。『乱れ雲』も最後に、交通事故の現場に出くわすシーンがある。それはもちろん映画の出発点となった交通事故と関係しているんですが、成瀬映画では交通事故が出てくると物語が急に活性化するんです。『乱れ雲』は最初と最後に交通事故があって、いうなれば二つの交通事故を繋ぐ時間が物語になっている。『乱れ雲』は一九六七年の映画で、当時は古臭く見えた可能性もありますが、ちょっと異様なまでに形式的な物語性を持っていて、その意味では今見るとむしろ現代的に感じられるのじゃないかと。

児玉 『乱れる』（一九六四）もまさに夫の座が不在になり、義弟がその空白に入るのか入らない

女人哀愁
演出・原作：成瀬巳喜男
脚本：成瀬巳喜男、田中千禾夫
出演：入江たか子、伊藤薫

乱れる
監督：成瀬巳喜男
脚本：松山善三
出演：高峰秀子、加山雄三、草笛光子、白川由美

かを描いた映画と言えますよね。私は成瀬映画だと、入江たか子の『女人哀愁』（一九三七）を観たときにやはりいないわけではないけれど夫の存在の希薄さのようなものが気になりました。この映画を最近見直したんですが、女性の自立をきちんと描けていて現代に鑑みても古びていない。なんてフェミニズム映画なのかと。

佐々木 そうなんです。『乱れ雲』のように明確な理由がなくても、夫の存在感が希薄な作品が多いんですよね。成瀬は女性映画の巨匠とよく言われますが、それは男性性の微弱さでもある。それは夫がいなくならないと妻の自立はないということでもあるんですが。

児玉 男性性の微弱さといえば、それが最も顕著なのが『めし』（一九五一）ではないでしょうか。そういえば私も佐々木さんも、日本映画の巨匠たちのなかで小津の映画は一本も選んでいませんね。

佐々木 小津には明確な「恋愛映画」は少ないですし、『浮草』とか、あと『晩春』をそう観るくらいじゃないかな。妻を亡くした笠智衆は娘で独り身の原節子に新しい相手を見つけてほしいと思っているんですが、原節子は「お父さんと一緒にいたいんです」と言う。それは恋愛感情に近いものを示唆しているし、もっと言えばエロティックでもある。小津の映画にはある種の淫靡さは伏流していますが、明示的な恋愛関係はほぼなくて、あったとしても結局は結婚してその恋愛関係は終わる。

児玉 たしかに小津はホームドラマが多いですもんね。

めし
監督：成瀬巳喜男
監修：川端康成
原作：林芙美子
脚色：井手俊郎、田中澄江
出演：上原謙、原節子

浮草
監督：小津安二郎
脚本：野田高梧、小津安二郎
出演：中村鴈治郎、京マチ子、若尾文子、川口浩

晩春
監督：小津安二郎
原作：広津和郎
脚本：野田高梧、小津安二郎
出演：笠智衆、原節子、月丘夢路、杉村春子

ロジックとエモーション——『悶絶!!どんでん返し』

佐々木 二本目は『悶絶!!どんでん返し』（一九七七）です。神代辰巳には恋愛映画と呼んでいい作品が数多くあるんですが、これはタイトルの通りセクシュアリティが反転するストーリーです。美人局にあったサラリーマンがヤクザの男に犯されて女性化していき、美人局をしたヤクザの恋人と張り合うんですね。この時代の映画としては極めて異色で、もちろん今の視点で観たらどうなのかという部分はありつつも、ノンケだったはずの若い男性がわかりやすく女装したり化粧したりしていき、同性への恋愛のスイッチが入るメカニズムをユニークなタッチで描いた恋愛映画として抜群に面白い。この主人公の性別が男性ではなく女性だったなら、無理やり自分を犯した男に惚れてしまうという最悪な話になってしまうわけですが。

児玉 一種のレイプファンタジーなわけですね。私は『悶絶!!どんでん返し』を観ていないいんですが、聞く限りだと女性で描いてきた物語を男性に反転させたからまだ免罪されている典型的な作品のようにも思えます。

佐々木 男性だったとしても物語の在り方としてはレイプファンタジーであることは否定できないんですが、それがかなりドライに描かれているのが興味深い。主人公は「男性に犯さ

悶絶!!どんでん返し
監督：神代辰巳
脚本：熊谷禄朗
出演：鶴岡修、遠藤征慈、粟津號、谷ナオミ

れたのだから自分は女性なのだ」「だからその男性を好きにならねばならない」という風に論理展開していくので、いわばロジックを愚直なまでに引き受けることによってエモーションが発動される。人は誰かを好きになるのではなく、好きということにするだけだ、というか。恋愛感情というものが、どういう外的な条件で作動するのかを示している作品として観ることができる。

児玉 ちょっと想像がつかないんですけど、この作品はどういう着地点に落としているんですか？　犯されたほうの心情や変化に焦点があてられていて、犯したほうのことがよくわかりません。

佐々木 主人公は女装して男の情婦になるんですね。東大出のエリートサラリーマンが会社にも行かなくなってチンピラの美人局を手伝うようになる。最終的に豊胸までするんですが、チンピラが刑事を刺してしまい逃亡することになると、男は彼ではなく元の女を連れていってしまう。悲惨なラストなんですが、置き去りにされても主人公は「女」として虚勢を張ってみせる。犯す側の男は徹底して軽薄に描かれていて、主人公を「女」にするためのペニスでしかない。異性愛のレイプファンタジーの場合、客体となる女性は男にとって都合のいい存在にされていますが、同性にするとなぜかそこが違ってくる。

児玉 この映画に関しては、その都合よく動かされる役割を担うのは犯されたほうではなく犯したほうと言えるのではないかということですよね。

佐々木　最後にチンピラは女を選ぶのでゲイポルノにもならない。主人公は女装するようになった後も女性とセックスするし、非常に即物的なバイセクシュアルとも言える。そもそもチンピラがなぜ最初に主人公をレイプするのかも全然説明されなくて、とつぜんムラムラして犯してしまったらハマった、みたいなことでしかない。心理的な要素が皆無なんですよね。「恋愛」から情緒を完全に抜き去っているのだけど、単なる肉欲とも違う。主体のゆらぎがテーマと言えるかもしれません。

児玉　一見すると倫理的に危うい映画のようですが、性というテーマに関して重要な何かを抽出し得る可能性を秘めた作品なのかもしれないと思いました。

「恋とは何か」――『ドレミファ娘の血は騒ぐ』

佐々木　三本目は黒沢清の『ドレミファ娘の血は騒ぐ』（一九八五）です。もともと『女子大生 恥ずかしゼミナール』というタイトルでロマンポルノとして製作されたんですが、撮影後に日活が難色を示して公開中止になってしまい、その後、追加撮影されて当時黒沢監督が所属していたディレクターズ・カンパニーの配給で公開されました。一見してゴダールと蓮實重彥からの影響が色濃い難解なシネフィル前衛映画ですが、これがデビューだった洞口依子演じるヒロインは恋人に会いに田舎から都会の大学にやってくるんです。

ドレミファ娘の血は騒ぐ
監督：黒沢清
脚本：黒沢清、万田邦敏
出演：洞口依子、伊丹十三、麻生うさぎ、加藤賢崇この恋人が実に軽薄で不実な男なんですが、彼女は一途に愛している。膨大な引用に彩られた作品ですが、そのなかには恋愛をめぐる言葉も数多く出てくる。最近観直してみて、これはまぎれもなく恋愛映画だと思いました。

児玉 私はこの映画に対しては「これが高尚なエロなのか……」となってしまって、あまり恋愛要素にまで着目できませんでした。

佐々木 ぜんぜん高尚でもないですけどね(笑)。前にも話したように、ある時期以降の黒沢映画における「愛」のかたちは、基本的に夫婦関係なんですね。しかも子供のいない夫婦。だから「恋」の要素は非常に薄いのだけど、この映画はいわば純粋恋愛映画と言えるのではないか。

児玉 私がリアルタイムで観た初めての黒沢映画は、『トウキョウソナタ』(二〇〇八)でした。どうしてもそのイメージが強いので、『ドレミファ娘の血は騒ぐ』は初めて観たときはこんな映画も撮っていたのかと衝撃でした。

佐々木 『トウキョウソナタ』は親子のテーマがあまり前景化しない黒沢映画からすると例外的な作品ですよね。ヌーヴェル・ヴァーグ的とも言えるかもしれませんが、現実における身を焦がすような恋愛と、観念としての「恋」の区別がつかないのが青春時代だと思うんです。『ドレミファ娘の血は騒ぐ』は、現実的であり抽象的である若き日の恋愛感情というものを特異なスタイルで描いている。実際に恋をしながら「恋とは何か?」と問

トウキョウソナタ
監督:黒沢清
脚本:マックス・マニックス、黒沢清、田中幸子
出演:香川照之、小泉今日子、小柳友、井川遥

『ドレミファ娘の血は騒ぐ』
ドレミファ娘の血は騒ぐ（HDリマスター版）　DVD好評発売中／4,180円（税込）　販売元：オデッサ・エンタテインメント

わざるを得ないのが青春ということです。それでヒロインが会いに来た「ヨシオカミノル」が、とにかく心がない男なんですよね。

児玉 『悶絶!!どんでん返し』に続き、また「ヒロイン」の相手が心のない男ですね。

佐々木 「吉岡」は、その後、黒沢映画の登場人物の名前として多用されていきます。おそらく詩人の吉岡実からきていると思うんですが。『ドレミファ娘の血は騒ぐ』は「映画愛」という意味でも「恋愛」という意味でも、今見ると青臭さが魅力の名作だと思います。

犯罪映画から異形の恋愛映画へ――『トカレフ』

佐々木 続いて阪本順治の『トカレフ』です。初見のときから大好きな映画です。

児玉 『トカレフ』は恋愛映画と言っていい作品ですかね？　男同士の緊張感ある銃撃戦が印象的な映画でしたが。

佐々木 これは完全に恋愛映画ですよ。たまたまトカレフを拾った男が、以前から横恋慕していた同じ団地に住む他人の妻を奪うために計略を練り、誘拐事件を起こして夫婦の子どもを殺害する。事件は迷宮入りしてしまい、夫は男に疑惑を抱くが先回りされて瀕死の重傷を負う。一方、妻はその間に家出をして、離れた土地で男と一緒になって新たに子まで設けてしまう。夫は執念で二人を探し出し、男に復讐しようとする。だから構図とし

トカレフ
監督・脚本：阪本順治
原案：徳田寛
出演：大和武士、西山由海、佐藤浩市、芹沢正和、國村隼

ては「寝取られ」なんですが、極端に台詞が少ないこともあって登場人物たちの心理を行動から推し量るしかない。トカレフという非日常的な道具が引き金になって、それがなければ日常のなかで押し隠されたままになっていたかもしれない異常な恋心が噴出する。妻の振る舞いもある意味で明らかに矛盾しているのですが、男女の仲というのは案外こういうものなのかもしれないと思わせもする。そして三つ巴のエモーションが激しく交錯するクライマックスを迎える。

児玉　だから奇妙な映画なんですよね。何が起きたかわからないまま、気付いたら映画が終わっている。男同士のあいだにある強い引力だけがあって進んでいく映画に見えました。

佐々木　男女だけではなく、男同士のあいだにも何かが宿ってしまう。阪本順治の作品は、最初はありがちな設定に思えても途中から思いもよらない展開になるものが多い。ヒューマンコメディかと思っていたらSFになってしまう『団地』（二〇一五）とか、犯罪映画かと思ったら異形の恋愛映画になってしまうこの映画もそうです。

児玉　『半世界』（二〇一八）を観たときも、中盤で突如としてアクション映画が始まったのかと思って驚きました。

佐々木　それもそうですね。原作ものや大作も手がけているし、職人肌の監督のようでいて、独自の世界観を持った作家だと思います。瀬々敬久や黒沢清に近いかもしれません。題材に対する処理の仕方がどこか歪というかヘンなんですが、だからこそ面白い。

団地
監督・脚本：阪本順治
出演：藤山直美、岸部一徳、大楠道代、石橋蓮司

半世界
監督・脚本：阪本順治
出演：稲垣吾郎、長谷川博己、渋川清彦、池脇千鶴

「後ろめたさ」と「開き直り」――『あなたがすきです、だいすきです』

佐々木　次の作品は『あなたがすきです、だいすきです』(一九九四)。実験映画、日記映画の作家であり、現代アートの世界でも活躍している大木裕之のゲイピンク映画の代表作です。

児玉　耽美性が皆無で楽観性が強く、所謂「ゲイ映画」と聞いて私たちがイメージしやすい作品とはまったく違う志向の作品だと思います。公開当時『現代詩手帖』(一九九四年七月号)では、瀬々敬久監督が「世界に通じる映画」と賛辞を贈っています。佐々木さんはまたもや片思いの映画ですね。

佐々木　ホントですね。僕、片思い好きなんだな(笑)。タイトルの「あなたがすきです、だいすきです」という言葉が映画の通奏低音になっていて、ゲイカップルの片方が一目惚れした男に告白する映画です。ゲイ映画ってゲイ専門の劇場でしかかかっていなかったし、観客もゲイに限定されていました。ノンケも女性も観ないので、同性愛という前提を最初からクリアしたかたちで撮ることが出来た、ゲイ当事者にとってはごく「普通」の恋愛や性愛をエクスキューズ抜きに描けた。この作品もそういう枠組みのなかで製作され公開されたものですが、しかしここには外部からの視線も入っていると思います。

あなたがすきです、だいすきです
監督・脚本・撮影：大木裕之
出演：ＣＨＡＮＯ、渋谷和則、北風久則

『あなたがすきです、だいすきです』

ある種の「後ろめたさ」と「開き直り」が、非常にリアルに感じられる。

児玉 今、「開き直り」という表現がしっくりきました。ラストシーンに言及してしまいますが、ゲイカップルが河川敷に寝そべっているところに、片思いしていた男が走ってくるじゃないですか。その男がアクロバティックなパフォーマンスをして、それを二人が見つめる多幸感溢れるシーン。ゲイカップルが寝そべっている場所より高い位置にある道路にいる片思い相手の男のあいだには、ちょうど境界線が引かれているように見えるんです。恋人が別の人を好きと言っていたら修羅場に発展しそうなものですが、恋人が片思いしているおそらくストレートの相手は自分たちとは別の世界にいる人間だから脅威になり得ず、それゆえに彼らの日常は崩れない。「分断」と言ってしまうとネガティヴかもしれませんが、その「開き直り」がどこかカラッとしている。瀬々監督が「ゲイが撮っているからすごいという、確信犯が撮っているという映画」とも言っていて、物語のレヴェルだけでなく、作家自身の態度、メタ的なレヴェルでも「開き直り」がある。

佐々木 一時間程度の映画ですが、そのあいだに登場人物は成長も変化もしない。ただ淡々と、こういう日常を生きている人たちがいるというリアリティがある。九〇年代半ばにこんなゲイ映画があったんだなと思うと、かなり先駆的というか、大木さんは特殊な存在ではあるのですが、どの作品を観ても天才的なセンスを感じます。一連の「松前君」シリーズも素晴らしいです。

児玉　九〇年代には橋口亮輔の『二十才の微熱』（一九九三）や『渚のシンドバット』（一九九五）もありました。橋口亮輔がいて、大木裕之がいて、オープンリー・ゲイの映画監督がこんな良作を撮っていたんですよね。私は九〇年代に同時代的に彼らの映画に接することができたわけではなかったですが、もし観ていたら、二十年後、三十年後、メジャーでゲイを公言している、できている映画監督がもっと活躍している未来を期待したのではないかと想像します。しかしながら二〇二〇年代を迎えて日本の映画界がそんな未来になったとは、到底言い難いですね。

恋愛を通して格差と階級を描くこと

佐々木　次の映画は、諏訪敦彦の『2／デュオ』（一九九七）です。諏訪監督は即興演出で知られていますが、『2／デュオ』もあらかじめシナリオを書かずに撮られた作品です。同棲している男女の話ですが、順撮りでこの先どうなるかを毎日監督と役者二人がディスカッションしながら撮影していった。ストーリー自体は七〇年代からあったような、未来への希望と不安に翻弄されるごく普通のカップルの話なんですが、プロットはさほど重要ではなくて、諏訪監督の映画はいつもそうですが、ディテールと演技にすべてがある。僕は諏訪さんの作品はどれも好きで、特に『M/OTHER』が大好きなんですが、

二十才の微熱
A TOUCH OF FEVER
監督・脚本：橋口亮輔
出演：袴田吉彦、片岡礼子、山田純世

渚のシンドバッド
監督・脚本：橋口亮輔
出演：岡田義徳、草野康太、浜崎あゆみ、高田久実

2／デュオ
監督・構成：諏訪敦彦
出演：柳愛里、西島秀俊、渡辺真起子

M/OTHER
監督：諏訪敦彦
脚本：諏訪敦彦、三浦友和、渡辺真起子
出演：三浦友和、渡辺真起子、梶原阿貴、高橋隆大、

恋愛関係がメインなら『2／デュオ』だと思って選びました。

児玉 この映画の西島秀俊の演技がとにかく恐ろしいんですよね。部屋を片付けると言いながら散らかすなど、言動と行動が不一致で狂気を感じました。

佐々木 自分では抑えているつもりなのに、鬱屈や不安が表に出てしまう。

児玉 なんかこういう人いるなと思わせるのがうまかったですね。「うん」、「うん」と合間に何度も自分で相槌する西島秀俊の喋り方が独特で、もちろん普段からそんな喋り方をする役者ではないので、そういう自己完結型の口調をあえてやっているのを見ながら、こういう人いるよなって。

佐々木 途中にインタビュー・シーンが差し込まれていますが、演じている俳優自身としてではなく、物語の中の役柄として、まるで実在するカップルのドキュメンタリーのように話しているのが面白い。そこもフィクションの一部なのだけど、演技の質は少し変わっている。

児玉 ホン・サンスもシナリオを書かない即興演出型の恋愛映画作家で、『2／デュオ』もまた佐々木さんの趣味趣向をよく表している一本だと思います。

佐々木 次の作品は万田邦敏の商業映画デビュー作『Unloved』（二〇〇二）です。これは恋愛映画を語る上では絶対に外せない一本だと思います。二〇〇一年の作品ですが、現在の視点から見逃せないのは、この映画が格差と階級を描いていることです。経済的な優劣があ

Unloved
監督：万田邦敏
脚本：万田珠実、万田邦敏
出演：森口瑤子、仲村トオル、松岡俊介

らかじめ固定されがちな日本社会において、自分に与えられた現状に満足するべきなのか、そこから抜け出す努力をするべきか、努力しても結局は無駄なのか、そうした問題を、恋愛を絡めながら思考している。前半はヒロインが自分のつつましい生活に満足している女性として描かれていますが、後半はそうであることの矛盾や歪みが強烈に浮上してくる。彼女を取り合う二人の男は対照的な境遇ですが、最終的に異常なのはヒロインなのかもしれないとさえ思えてくる。一種のディスカッション映画の趣きのある作品ですが、最後に彼女は「私はこういう風にしか生きられないのだ」と言う。そして男から「あなたは誰からも愛されないひとだ」と言われてしまう。それがタイトルの『Unloved』の由来になっています。

間接的な行為のみを通した恋愛

児玉 企画段階からずっと佐々木さんは『Unloved』と並んで、『ともしび』にも言及していましたが、この二人の主人公の女性は自我のどうしようもならなさによって恋愛で苦しむ点で似通っていると思います。佐々木さんは人の「変わっていくさま」に心惹かれるようですが、これらはどちらも「変われなさ」が主題になっている。

佐々木 『ともしび』の監督の吉田良子は、二〇〇八年ごろに女性監督だけで短編映画を撮って

ともしび
監督・脚本：吉田良子
出演：河井青葉、遠藤雅、蒼井そら、佐々木ユメカ

オムニバスとして公開する「桃まつり」という企画に参加していた人です。

児玉　『ともしび』の終盤、河井青葉演じる主人公の女性が、片思い相手の男性の恋人である女性に抱擁してもらう場面が感動的でした。ストーカー気質の女性なので、男性の恋人の後を追っていって声をかけた瞬間に何か危害を加えるのではないかと思わされるんですが、それが見事に裏切られて抱擁を懇願するんですね。視覚的には女性同士の抱擁が、主人公にとっては、愛する男性との間接的な抱擁になっている。

佐々木　あそこは本当に泣けますね。この映画のすべてはあの場面に至るためにあるようなものだと思う。

児玉　主人公は片思いして見ているだけの男性と直接関われそうなチャンスもあるのに、自らそれを拒絶して、間接的にしか関わろうとしない。間接的な行為しかどうしても無理なんだというところで感動してしまうんですよね。

佐々木　なぜ直接の関係を結ぶことをあれほどまでに徹底的に避け、間接的な行為のみを求めるのかにこの映画の核心がある。現実の恋愛に対して怯えがあるとも捉えられるし、現実の恋愛をそもそも求めていないとも考えられる。

児玉　私は後者だと思いましたが……。

佐々木　本物の恋人になりたい気持ちはあるんだと思う。想像だけの恋人を求めているわけではないけど、現実が怖いんですよ。そこが切ない。うまくいかなかった場合が怖いということもあるけれど、うまくいってしまうのも怖い。だからああやって隠れてギリギリまで接近して、でも彼が洗濯物を拾ってくれると逃げてしまう。部屋を幾つも借りるより普通に知り合って距離を詰めていくほうがラクなはずなのに、それが出来ない。ほとんどストーカーなんですが、切ない純愛映画でもある

長い時間のなかで起きること

佐々木 次の作品は、白石晃士の『ある優しき殺人者の記録』（二〇一四）です。

児玉 これはかなり変わった映画ですよね……（笑）。

佐々木 大好きな作品です（笑）。この映画の殺人者は死んでしまった幼馴染の女の子を「復活」させるために次々と人を殺している。だから連続猟奇殺人ではあっても性的快楽とは無縁で、そこには強烈な思慕と愛惜がある。もちろん狂った思い込みなのだけど、彼の願いが叶えられるのかどうか、ラストには意外な、そして感動的な結末が待っている。白石監督はいわゆる「ＰＯＶ（Point Of View）＝主観ショット」形式のホラーで注目された人ですが、この作品もほぼ全編がＰＯＶの長回しで撮られています。そしてラストで「彼」は「カメラ」と一体化する。

児玉 その説明は映画を観ていない人からすると、意味不明でしょうね。でも本当にその通り

ある優しき殺人者の記憶
監督・脚本：白石晃士
出演：ヨン・ジェウク、キム・コッピ、葵つかさ、米村亮太朗

の映画でした。

佐々木 僕の最後は、いまおかしんじの『れいこいるか』(二〇一九)です。

児玉 「れいこ」は夫婦の亡くした娘の名前で、「いるか」は家族で見た水族館のイルカショーの「イルカ」と「居るか」のダブルミーニングになっているんですよね。娘はずっとイルカのぬいぐるみを手にしていました。

佐々木 ピンク映画の傑作を数多く撮ってきたいまおか監督が手がけた一般映画ですが、妻が浮気しているあいだに幼い娘が火事で亡くなってしまい、それがきっかけで別れた夫婦のその後を物語っていく。

児玉 時間の経過が潔い映画でした。シーンが移り変わると時間がいきなり飛んでいるんですよね。しかもその省略されている時間にこそ重要な出来事が起きていそうでもある。

佐々木 そうそう。結構長い時間が流れるのですが、そのなかで「3・11」も起きる。

児玉 あ、震災映画でもあったのだなと終盤で気付きました。

佐々木 夫婦、というか、かつて夫婦だった男女の不思議な関係をどこか飄々としたタッチで描いた作品ですが、何度かドラマチックなピークがあって、そこがまたすごく良いんですよね。水族館で妻が「れいこ!」と叫ぶシーンとか泣いてしまった。もはや「恋」はもちろん「愛」とも呼べないような感じなのだけど、二人の結びつきは永遠に切れないということが何度も確認される。いまおかしんじはすごい監督だと改めて思いました。

れいこいるか
監督:いまおかしんじ
脚本:佐藤稔
出演:武田暁、河屋秀俊

『れいこいるか』

「芸術」への恋慕と上下関係の非対称性

児玉　私のベスト一本目は、木下恵介の『カルメン純情す』（一九五二）です。これはご存知の通り、日本初の長編総天然色映画として松竹が製作した『カルメン故郷に帰る』（一九五一）のヒロインであるストリッパーのリリィ・カルメンを主人公にした作品です。『カルメン純情す』はリリィのロマンスが中心となっているので、恋愛映画ならこちらの作品だと思って選びました。リリィは序盤で「恋も人生も無駄にしながら芸術に生きてる」と言うんですね。その時点で心を掴まれてしまいます。そんなリリィが前衛芸術家の須藤と出会って恋に落ちます。ストリップ・ショーの舞台に立つリリィは、それを芸術と思っている。この物語では「芸術家」の女と芸術家の男の恋愛が描かれていますが、カルメンは男に恋慕しているのではなく「本物」の芸術に恋慕しているようにも私には見えました。だからリリィは最終的に失恋しますが、それは表面的には男と結ばれなかったということでもある一方で、彼女の「芸術」の敗北でもあるのだと。木下映画は特に『惜春鳥』（一九五九）や『海の花火』（一九五一）なんかを観ると、男性同士の親密なエロティシズムが醸し出されている。映画研究者の久保豊さんは『夕焼け雲の彼方に』（ナカニシヤ出版）で、そういった木下映画におけるクィアな痕跡を分析しています。溝口健二の『雨月物語』（一九五三）や『近松物語』（一九五四）などと迷いましたが、木下恵介は

カルメン純情す
監督・脚本：木下恵介
出演：高峰秀子、若原雅夫、淡島千景

カルメン故郷に帰る
監督・脚本：木下恵介
出演：高峰秀子、小林トシ子

惜春鳥
監督・脚本：木下恵介
出演：津川雅彦、小坂一也

海の花火
監督・脚本：木下恵介
出演：木暮実千代、山田五十鈴、三国連太郎

雨月物語
監督：溝口健二
原作：上田秋成
脚本：川口松太郎、依田義賢
出演：京マチ子、水戸光子、田中絹代、森雅之

もっと現代の視点から読み直されてほしいという希望もあり『カルメン』にしました。

佐々木　木下恵介はシネフィルからは長年軽視されてきた監督ですが、一般的には巨匠ですよね。こんにちのジェンダー論やクィア論の視点から、新たな照明があてられている作家のひとりだと思います。

児玉　次の作品は、篠田正浩の『美しさと哀しみと』（一九六五）です。加賀まりこが自分の絵の先生である八千草薫に惚れ込んでいて、彼女をかつて妊娠させた作家の男に復讐しようと目論む映画で、原作は川端康成です。とにかく加賀まりこの美しさが鮮烈で、ファム・ファタル的な魅力に心を奪われてしまいました。

佐々木　八千草薫には著名作家の男の子供を死産した過去があるんですが、加賀まりこが彼女の代わりに作家との子供を産んであげると言うんですよね。加賀は復讐のために作家やその息子と性的関係を持つんですが、男たちには一切惹かれず、ひたすら先生を想い続ける。男のあさましさや浅かはさもうまく描けている。それでも今観るとやっぱりどうなのか、とも思いますけどね。

児玉　この時代に観ると道徳的にはどうしようもないと思いますよ。ただ、恋愛映画のなかでも私は特に師弟ものが好きなんですよね。上下関係が孕む非対称性にときめきを感じるんですが、そのときめきは男性が上で女性が下だと成立しません。対等な女性同士だからこそ上下関係が発動すると、別の力学が生まれて面白いんです。

近松物語
監督：溝口健二
原作：近松門左衛門
劇化：川口松太郎
脚本：依田義賢
出演：長谷川一夫、香川京子、南田洋子

美しさと哀しみと
監督：篠田正浩
原作：川端康成
脚本：山田信夫
出演：山村聡、加賀まりこ、八千草薫

佐々木 なるほど。非常に児玉さん的な視点ですね。権力関係ではなく、役割というか。師弟を同性、それも女性にすることによって、ジェンダーロールから逃れつつ、立場を超えた連帯も描けるし、対男性という視座も明確に出てくる。

『風たちの午後』と四十年越しのアンサー

児玉 続いて矢崎仁司監督の『風たちの午後』（一九八〇）です。佐々木さんはこの映画は配信でもご覧になりました？

佐々木 Amazonのプライムビデオに入ってるんですよね。ずいぶん久しぶりに観直しました。

児玉 実はこの映画はとにかく登場人物の声のボリュームが作為的に下げられているんですね。なので、劇場と配信での鑑賞ではまったく別の体験になり得る映画かもしれません。耳を澄ましても、彼女たちの声だけが日常音や音楽にかき消されてしまって聞こえない。劇場で観たら、本当に聞こえないので困惑しました（笑）。でもその演出に映画の意図を感じて、感動した作品でもあります。

佐々木 一九八〇年の日本映画でこのテーマはかなり早いですよね？

児玉 女性が女性に対して明確に片思いしている映画ですからね。もちろん先ほどの『美しさと哀しみと』もそうではあるんですが。『風たちの午後』を私はリアルタイムで観てい

風たちの午後
監督：矢崎仁司
脚本：長崎俊一、矢崎仁司
出演：綾せつ子、伊藤奈穂美、阿竹真理、杉田陽志

ませんが、矢崎監督が二〇二〇年に撮った『さくら』は同時代的に観ているんですね。『さくら』ではレズビアンの女の子が体育館でスピーチをする場面があって、自分たちのような存在がいつか「おかしくない」と思われるときがくるからそれまで努力するのだと話します。『風たちの午後』でか細かったレズビアンの声は、四十年越しに『さくら』で多くの観衆に聞き入られるほどの通った声に変容する。『さくら』は『風たちの午後』のアンサー的な作品だと思いました。矢崎監督が自身のフィルモグラフィでそれを果たした歴史性込みで好きな作品です。

佐々木　矢崎監督はセンシュアルな描写を象徴的に描くのが上手い監督ですよね。レズビアンの子が、片思いしている女性が男性と仲睦まじくしている姿を見て何度も辛くなっている姿が見ていて本当に苦しくなりました。

児玉　『美しさと哀しみと』も『風たちの午後』も、女性が同性に片方向的に恋慕する映画ですが、男性の介入が免れず、女性同士だけの恋愛映画にはならないんですよね。

佐々木　デジタルリマスター版で公開された際の公式サイトに小説家の保坂和志さんが、「この映画はレズビアン映画では全然ない」というコメントを寄せていますが、それについてはどう思いますか。

児玉　そのコメントは「そういう表面の筋に囚われずに観れば〜」と続きますが、「レズビアン映画」とカテゴライズしたり、名指したりすることを否定する身振りは多いですよ

さくら
監督：矢崎仁司
原作：西加奈子
脚本：朝西真砂
出演：北村匠海、小松菜奈、吉沢亮、小林由依

ね。マイノリティ属性やプロットに対する「囚われず」も、常套句のようになっている。映画の批評言説ではマジョリティ側の視点がこれまでも支配的でしたし、まだ今の段階では過度に一般化させず、クィア性をあえて抽出して注意深く戦略的に語っていく必要があると私自身は思っています。だから、『風たちの午後』は「レズビアン映画」です。

比喩としての同性愛／狂っていく女

佐々木 矢崎監督、この後に出てくる大島渚も、いわゆるマッチョなタイプではないですよね。

児玉 日本映画のマイベストを漫然と選出したら全作品が男性の監督になってしまって、それ自体がどうなんだろうとも思うんですが、矢崎と大島は私にとって感性が近しい監督なんですよね。大島映画では『戦場のメリークリスマス』（一九八三）を「恋愛映画」として選びました。

佐々木 これはどう観ました？

児玉 坂本龍一とデヴィッド・ボウイのキスや、終盤の北野武のクロースアップのショットが鮮烈に記憶に残っていました。大島映画で初めて観た作品でもあります。これは『キネマ旬報』（二〇二一年四月号）の大島渚特集に寄稿した『戦場のメリークリスマス』評で

戦場のメリークリスマス
英題：MERRY CHRISTMAS, MR. LAWRENCE
監督：大島渚
原作：ローレンス・ヴァン・デル・ポスト
脚本：大島渚、ポール・メイヤーズバーグ
出演：デヴィッド・ボウイ、坂本龍一、ビートたけし、内田裕也、ジョニー大倉

も書いていますが、大島の同性愛表象は現実的な事象として描かれているというよりは、まず第一に比喩だと思うんですね。たとえば『戦場のメリークリスマス』における男性同性愛表象は、男性同士の強い結び付きがホモフォビアやミソジニーの上に成り立っている「ホモソーシャル」の脆弱性を流露させるためにある。

佐々木　後期の大島作品全般に言えることですが、明確な主題をクリアに切り出すことがむつかしいというか、複数の主題や動機が含まれていて、容易に解きほぐし難いところがある。『戦場のメリークリスマス』は「ホモセクシュアルを描いた」という宣伝もされましたが、大島本人がそこまで意図していたかはわからないけれど、児玉さんの指摘は正しいと想います。国家と個人、軍隊や捕虜収容所といった組織と個の問題をやろうとして、その起爆装置のひとつとして同性愛が導入されている。もちろん、それだけとも思えない「熱」も感じるのですが。

児玉　もしかしたら本人もコントロールせずとしてフィルムに偶発的に表出してしまっているような何かがすごくあるんじゃないですか。

佐々木　坂本龍一とデヴィッド・ボウイの禁断の愛にフォーカスされていますが、僕は最初の公開時からずっと北野武が男に恋をする話だと思っているんです。北野武はサディスティックな日本の軍曹として描かれていて、役職を笠に着て暴虐に及ぶ。とても単細胞な人間に見えますが、一種不思議なナイーブさを放ってもいる。軍隊に同性愛が生まれやすいのは環境要因ですが、もともとそういう傾向を持っていた人間はむしろ逆に抑圧されてしまうのじゃないか。彼がラストで「メリークリスマス、ミスターローレンス！」と言って微笑むのは、俘虜関係が逆転したことによる悲劇的な笑みでもあるんですが、そこに『悶絶‼どんでん返し』のような契機を見て取ることも不可能ではないのじゃないかと。だいぶ深読みかもしれませんが（笑）。

児玉 まさに大島の遺作となった新撰組を扱う『御法度』（一九九九）の北野武の立ち位置は、映画の語り部でありながら、登場人物の誰よりも同性愛の感受性が鋭敏な観察者だと言えるでしょう。

佐々木 大島の映画では、北野武はそういう役割を担うために召喚されているということですね。

児玉 次の映画は、岩井俊二の『undo』（一九九四）です。四十五分なので短い映画なんですが、山口智子が「強迫性緊縛症候群」といってあらゆるものを縛らずにいられなくなる病にかかってしまう。最終的に、彼女は夫の豊川悦司に自分を縛ってほしいと言い出すんです。

佐々木 舞台劇のような感じですよね。カメラもかなり引いて撮っているし。

児玉 そうですね。実は岩井映画の少女性が合わないこともあるんですが、この映画は視覚的に好きです。序盤あたりで山口智子が歯に矯正器具をしているんですが、この映画のキ

御法度
監督・脚本：大島渚
出演：松田龍平、ビートたけし、武田真治、浅野忠信

undo
監督・原作・脚本：岩井俊二
出演：山口智子、豊川悦司、田口トモロヲ

スシーンはすべての映画のキスシーンのなかでも記憶に鮮烈に残っています。

佐々木　男女カップルの女性のほうが狂っていく場合、その人が勝手に狂っていくのか、男との関係性において狂っていくのか、世界との関係性において狂っていくのか、というパターンがあると思うんですね。『undo』は最初は二人の関係性において狂っていくように見えるんですが、次第に彼女が無意識のうちに自ら望んで自閉していくように見えてくるのが良いと思いました。

児玉　縛りたいのか縛られたいのかわからなくなっていくように、狂っていってしまっているのか狂いたくて狂っていっているのかわからない。目に見えない営為である恋愛を具象化させていってできたのが『undo』なのだと思います。岩井俊二の恋愛映画には他に『リップ・ヴァン・ウィンクルの花嫁』（二〇一六）もありますが、かつて『岩井俊二『Love Letter』から『ラストレター』、そして『チイファの手紙』へ』（河出書房新社）で『リップ・ヴァン・ウィンクル』は『テルマ&ルイーズ』（一九九一）の生まれ変わりなんだと論じたことがありました。

青春期の揺らぎと

児玉　次の映画は、橋口亮輔の『渚のシンドバット』です。

リップヴァンウィンクルの花嫁
監督・原作・脚本・編集：岩井俊二
出演：黒木華、Cocco、地曳豪、和田聰宏

テルマ&ルイーズ
監督：リドリー・スコット
脚本：カーリー・クーリ
出演：スーザン・サランドン、ジーナ・デイヴィス、マイケル・マドセン、ブラッド・ピット

渚のシンドバッド
監督・脚本：橋口亮輔
出演：岡田義徳、草野康太、浜崎あゆみ、高田久実

佐々木 これ、ものすごく良い映画ですよね！　僕も大好きです。

児玉 ゲイの男の子の伊藤と、伊藤が片思いする吉田、そして性暴力の被害者の女の子の相原という三人の高校生の三角関係を描いた青春映画です。終盤の長い夜の海のシーンなど、印象的なシーンはいくつかあるんですが、私が最も好きなのは教室で伊藤と吉田がキスするシーンです。伊藤は吉田が好きでも、吉田は別に伊藤が好きなわけではない。それでも伊藤にキスを求められて、吉田は応じるんですよね。青春期特有の辻褄の合わなさや揺らぎのようなものが、巧みに表現されていると思いました。

佐々木 本当にそうですね。セクシュアリティ、性的嗜好って、十代の頃にはまだ可塑的な場合が多いんじゃないかと思うんです。それが次第に組織や社会のなかで固定化されてゆく。伊藤が吉田にキスを求めたのは、好きだからキスしたいけど相手にはその気があるわけないから「その気がない」ということを自分に対して証明するためであるわけですよね。だからこっぴどく拒否されると思っていたし、ある意味ではそれを望んでさえいたのに、吉田は伊藤に友情を感じているがゆえに曖昧な感じになってしまう。吉田は伊藤を気持ち悪いなんて思っていないと、相手に対しても自分に対しても証明しなくてはならなくなり、そうするとキスに応じるしかなくなる。親友がゲイだったことを受け入れることと、彼の恋愛対象が自分であることを受け入れることは当然ながら全然別なので、そこには矛盾が生まれる。だから吉田は伊藤がいないところでは差別感情を露わにしてしまう。

児玉　私は橋口映画をリアルタイムで劇場で観たのは『恋人たち』（二〇一五）が初めてでしたが、本質はずっと変わらない気がします。

佐々木　『恋人たち』は『渚のシンドバット』の大人版のような作品だと思いました。

児玉　二〇〇〇年代最初の映画は、行定勲の『贅沢な骨』（二〇〇一）です。麻生久美子演じるセックスワーカーがつぐみ演じる女の子を家に囲っている。麻生久美子の客が永瀬正敏なんですが、彼を巻き込んで三角関係に発展していくんですね。『世界の中心で、愛をさけぶ』（二〇〇四）が行定作品で最も有名な恋愛映画かと思いますが、私としてはレズビアン映画としての『贅沢な骨』が、解釈に余白もあって面白かったです。

佐々木　関係性は違いますが、『風たちの午後』の変奏のようにも見えました。

児玉　『風たちの午後』の女性同士の関係性がかなり手前で止まってしまうものだとしたら、『贅沢な骨』はそこから少し発展したとも言えますね。どちらもまだ男性の介入なしでは物語が駆動しない点では共通していますが。

佐々木　児玉さんのラインナップは密室劇というか閉鎖的な空間を舞台にした映画が多いですね。

児玉　そうかもしれないですね。フリオ・メデムの『ローマ、愛の部屋』（二〇一〇）なんかもタイトルに「部屋」が入っている通り、滞在先のローマのホテルの一室で出会った女二

恋人たち
監督・脚本：橋口亮輔
出演：篠原篤、成嶋瞳子、池田良

贅沢な骨
監督：行定勲
脚本：行定勲、益子昌一
出演：麻生久美子、つぐみ、永瀬正敏

世界の中心で、愛をさけぶ
監督：行定勲
原作：片山恭一
脚本：坂元裕二、伊藤ちひろ、行定勲
出演：大沢たかお、柴咲コウ、長澤まさみ、森山未來

ローマ、愛の部屋
監督・脚本：フリオ・メデム
出演：エレナ・アナヤ、ナタシャ・ヤロヴェンコ

人が繰り広げる会話劇なんですが、たとえばこの作品だと男性が介入してこようとすると二人で追い出すんですよ。セリーヌ・シアマの『燃ゆる女の肖像』も閉鎖的な空間での女二人劇に近いですが、シアマは意図的に目に見える形では男性存在をオミットさせている。近年になると女同士の密室劇は男性の介入に対して自覚的です。

佐々木 結末を言ってしまいますが、麻生久美子が最後に死んでしまうのがなんとも……。

児玉 『贅沢な骨』は結ばれ得る女性同士のカップルの片割れが死んでしまうとか、男性が介入して性的な関係を持つとか、そういった女性同性愛映画におけるクリシェがなぞられている。ただ先ほど述べたような今の作品群と比較して、そういった時代的な変遷が顕著に確認できる映画でもあります。

佐々木 『風たちの午後』にしても『贅沢な骨』にしても、フェミニスト的な視点以前に、女性の登場人物が男性といかにも自然に性愛的な関係になるので、男性にとって都合が良すぎるように思ってしまう。男女が出会ったら次にはもう寝てる、というくらいにプロセスが省かれている。

児玉 映画では、同性同士だと結ばれるまでが長かったり、ある種の説明や理由づけが必要になってしまったりする。男女だとそういった葛藤や苦労を飛ばしても成立できてしまうけれど、それが女性同士の物語のなかで起きてしまうと、より非対称性が浮き彫りになります。

燃ゆる女の肖像
↓P226参照

佐々木　たしかに。ゲイの場合はゆきずりも多いですけどね。異性愛の安易さがデフォルトになっているように見えるのは、性別とは別に恋愛一般の軽視のような気もします。

逆光と曇天の青春映画『blue』／赤の北野映画『Dolls』／百合映画としての『NANA』

児玉　次は安藤尋の『blue』（二〇〇二）です。安藤監督の『海を感じる時』（二〇一四）は市川由衣が主演なんですが、単に性欲で自分に興味を持っているとわかっていながらも池松壮亮演じる男と関係を持ってしまう。当時、批評的には高く評価されていなかったかもしれませんが、佐々木さんは評価されていたのが記憶に残っています。安藤監督の演出はきわめて繊細で、女性を描こうとする映画と親和性が高いと思います。

佐々木　安藤監督は学生時代のサークルの後輩なんですが、一番好きな監督はマルグリット・デュラスだと言っていた。完全に映像から発想するタイプだと思います。原作は魚喃キリコのマンガですが、繊細に映像に移し変えています。『blue』って一種のファンタジーですよね。うすぼんやりとした夢のような世界。

児玉　恋愛がテーマの青春映画は、総じて世界が輝いて見えるものなんですが、『blue』の世界は不機嫌な顔をしている。恋をすると世界を愛せるようになるどころか、世界を嫌いになってしまう。そこが好きでした。

blue
監督：安藤尋
原作：魚喃キリコ
脚本：本調有香
出演：市川実日子、小西真奈美

佐々木　キラキラ青春映画ではない（笑）。逆光と曇天の映画。

児玉　次は、北野武の『Dolls』（二〇〇二）です。この映画は三つのパートで構成されているんですが、菅野美穂と西島秀俊のパートが出色だと思います。恋人の西島秀俊がほかの女性と結婚することになってしまい、菅野美穂が精神的に破綻してしまう。そんな菅野美穂と西島秀俊がお互いを赤い紐で繋いで延々と歩き続ける。

佐々木　北野武の恋愛映画なら『HANA-BI』（一九九七）が挙がりそうですが、『Dolls』なんですね。北野映画の男女の描き方って、かなり一貫していますよね。

児玉　菅野美穂と西島秀俊のパート以外も、若い頃に離れてしまったヤクザの男との待ち合わせの場所にお弁当を作って何十年も通い続ける女性とか、事故で目が見えなくなってしまったアイドルの深田恭子のために自分も目を潰してしまう男性とか、すべてのパートが健気な愛の物語になっていますね。北野武といえばヤクザ映画ですが、恋愛映画になると健気な純愛……。佐々木さんは北野武の恋愛映画なら、何を選びますか？

佐々木　『あの夏、いちばん静かな海。』（一九九二）ですね。耳の聞こえない青年がサーフィンをする話。大好きな映画です。「海辺のひと夏の恋」を、あんな風に描いた作品って他にない。北野映画には若者が主人公の映画は他に『キッズ・リターン』（一九九六）くらいしかありませんが、『あの夏、いちばん静かな海。』は映画史上に残る青春恋愛映画だと思います。

海を感じる時
監督：安藤尋
原作：中沢けい
脚本：荒井晴彦
出演：市川由衣、池松壮亮

Dolls
監督・脚本：北野武
出演：菅野美穂、西島秀俊、三橋達也、松原智恵子、深田恭子、武重勉

HANA-BI
監督・脚本：北野武
出演：ビートたけし、岸本加世子、大杉漣、寺島進、白竜

あの夏、いちばん静かな海。
監督・脚本：北野武
出演：真木蔵人、大島弘子

児玉 北野が紡ぐ色彩は「キタノブルー」と呼ばれますが『Dolls』は青ではなく、燃えるような赤が印象的な映画でしたね。テレビで見ていたお笑い芸人のビートたけしの映画として初めて観たのが『Dolls』だったので、こんな芸術的な映画を撮る人なのかとそのギャップに驚きました。

佐々木 北野映画は台詞が少ないので観客は情緒的な部分を沈黙や佇まいから想像していくしかないのだけど、ちゃんと映像で情愛のようなものを描けている。

児玉 次の『NANA』（二〇〇五）は矢沢あいの原作漫画も十代でリアルタイムで読んでいて、個人的な思い入れのある映画として選びました。今回対談にあたって改めて観たら、当時よりもずっと百合映画に感じたんですよね。もちろん私は『NANA』をルームシェアする二人の女性「ナナ」の恋愛映画として選んでいます。

佐々木 公開当時から『NANA』は百合映画としても受け取られていたんですか？

児玉 私自身が百合ジャンルそのものにそこまで詳しいわけではなく、当時はSNSや掲示板にも触れていなかったのでわからないんですが、共著として関わった『「百合映画」完全ガイド』（星海社）で『NANA』が話題に出て、そういうカテゴライズに入っているんだと知りました。『NANA』が二〇〇五年で、深田恭子と土屋アンナの『下妻物語』が二〇〇四年ですが、どちらも一時代の日本の代表的な百合映画ですよね。宮崎あおいが演じたナナはハチという愛称なんですが、中島美嘉のナナに対してはっきりと台詞で

キッズ・リターン
監督・脚本：北野武
出演：金子賢、安藤政信

NANA
監督：大谷健太郎
原作：矢沢あい
脚本：浅野妙子、大谷健太郎
出演：中島美嘉、宮崎あおい、成宮寛貴、松山ケンイチ

「女友達っていうよりも彼氏みたい」と言いますし、本当にそういう映画です。そしてこれもよく考えたら部屋映画でした。

佐々木　『風たちの午後』や『贅沢な骨』と同型の作品ですね。男性が介入してきて、女性ふたりの結びつきが揺らがされる。児玉さんが選んだ作品群には、僕と同様、幾つかの共通点が見出せて、これはひょっとすると互いの「恋愛観」と関係があるのかもしれない。

〈二〇二二年二月二十四日収録〉

下妻物語
監督・脚本：中島哲也
原作：嶽本野ばら
出演：深田恭子、土屋アンナ

第七章

「恋愛／映画」に惹かれるもの

オールタイム・ベスト恋愛映画・海外編

天国は待ってくれる
忘れじの面影
心のともしび
突然炎のごとく
白夜
ママと娼婦
カルメンという名の女
牯嶺街少年殺人事件
トロピカル・マラディ
アンナと過ごした4日間
都会の女
13回の新月のある年に
ポンヌフの恋人
ブエノスアイレス
ピアニスト
ドリーマーズ
恍惚
スプリング・フィーバー
詩人の恋
燃ゆる女の肖像

『ポンヌフの恋人』
発売元：シネマクガフィン　販売元：紀伊國屋書店　ブルーレイ価格：¥5,800+税
ソフトの商品情報は本書の発売当時のものです　

古きよきロマンティック・コメディとメロドラマの魅力

佐々木　さて、外国映画編です。僕の外国映画オールタイムベスト一本目は、エルンスト・ルビッチ監督の『天国は待ってくれる』（一九四三）です。ルビッチの後期の傑作で、単独監督作としては唯一のカラー映画です。放埓な人生を送ってきた男が亡くなり、あの世の手前でこれまでの女性遍歴を回想するという物語ですが、この時代のハリウッド映画なのでハッピーエンドは最初から約束されている。安心して観れます（笑）。女泣かせだと思っていた主人公が実は……というストーリーを笑いに包んで語るのはルビッチならではです。

児玉　多幸感に溢れた映画でしたね。恋多き男が痛い目に遭わなくても、すべてが許されてしまう雰囲気があります。

佐々木　ロマンティック・コメディって完全にご都合主義なんですが、古き良き時代の産物として尽きせぬ魅力があると思います。とにかく現代とは違って意外性が「善」のほうにしか振れないのが良い（笑）。
二本目はやはり古典的な名作ですが、マックス・オフュルスの『忘れじの面影』（一九四八）です。原題は〝Letter from an Unknown Woman〟（見知らぬ女からの手紙）で、字義通り手紙形式によって語られていく映画です。この頃のオフュルスの映画はカメラワー

天国は待ってくれる
原題：HEAVEN CAN WAIT
監督・製作：エルンスト・ルビッチ
原作：ラズロ・ブッス＝フェテケ
脚本：サムソン・ラファエルソン
出演：ドン・アメチー、ジーン・ティアニー、チャールズ・コバーン

忘れじの面影
原題：LETTER FROM AN UNKNOWN WOMAN
監督：マックス・オフュルス
原作：シュテファン・ツヴァイク
脚本：ハワード・コッチ
出演：ジョーン・フォンテイン、ルイ・ジュールダン

心のともしび
原題：MAGNIFICENT OBSESSION
監督：ダグラス・サーク

クが途方もなく流麗で、のちのフランソワ・トリュフォーの映画にも繋がっていくような感じもある。

児玉 『忘れじの面影』はヒロインが健気にたった一人を懸想し続けるじゃないですか。それが感動的な映画だと思うんですが、相手の男がヒロインをすっかり忘れてしまうというとんでもなさが美しい映像で絆されてしまう感覚がありました。

佐々木 健気な女と不実な男というのはメロドラマの定番ですが、まあ今からするととんでもないですよね。でもこの映画の場合は時代的なイデオロギーというよりも、この時点でも見方によってはアナクロニスティックだったような心性をいわば儚い美徳として提示しているという面もあると想います。

三本目はダグラス・サークの『心のともしび』（一九五四）です。サークはファスビンダー経由で再評価が進み、ある時期からシネフィル御用達の映画作家になりました。代表作は『愛する時と死する時』（一九五八）や『悲しみは空の彼方に』（一九五九）で、『心のともしび』はそれらよりはやや下に見られがちなんですが、僕はすごく好きなんです。たしか四方田犬彦さんの本だったと思うんですが、あらすじを読んだだけで映画を観てもいないのにしたたかに感動しました。あとで実際に観てもその感動は裏切られなかった。

児玉 自由気ままに生きていたロック・ハドソンが事故で人工呼吸器をつけなければいけなく

原作：ロイド・C・ダグラス
脚本：ロバート・ブリーズ、サラ・Y・メイソン、ヴィクター・ヒアマン

愛する時と死する時
原題：A TIME TO LOVE AND A TIME TO DIE
監督：ダグラス・サーク
原作：エリッヒ・マリア・レマルク
脚本：オリン・ヤニングス
出演：ジョン・ギャヴィン、リゼロッテ・プルファー

悲しみは空の彼方に
原題：IMITATION OF LIFE
監督：ダグラス・サーク
原作：ファニー・ハースト
脚本：エリナー・グリフィン、アラン・スコット
出演：ラナ・ターナー、サンドラ・ディー、ファニタ・ムーア、スーザン・コーナー

なって、その人工呼吸器がなかったために夫を亡くしてしまった妻のジェーン・ワイマンとロック・ハドソンが恋仲になっていく……。あらすじだけだと成瀬巳喜男の『乱れ雲』と同型のプロットのようで、佐々木さんの心惹かれる物語の一貫性を感じました。

ヌーヴェル・ヴァーグの「恋する男」たち

佐々木 時代は下って次はフランソワ・トリュフォーの『突然炎のごとく』（一九六二）です。

児玉 『突然炎のごとく』はジュール、ジム、カトリーヌの三角関係が描かれた恋愛映画ですが、原題は『ジュールとジム』なので、男性同士の友情譚の側面も強い作品ですよね。男ふたりの女を介した強い結びつきが描かれている。トリュフォーの代表的な恋愛映画でいうと『アデルの恋の物語』（一九七五）などもあるかと思いますが、そのなかで佐々木さんがこれを選んだ理由はなんだったんでしょうか？

佐々木 『恋のエチュード』（一九七一）や『緑色の部屋』（一九七八）も大好きなんですが、トリュフォーの初期の作品でいかにもヌーヴェル・ヴァーグな初々しさがあるのと、あとはやりジャンヌ・モローの魅力じゃないでしょうか。カラー以後のトリュフォーはサスペンス的要素と深刻さが増していく。それも良いんですが、ここではジュールとジムを挙げておこうかと。

突然炎のごとく
原題：JULES ET JIM
監督：フランソワ・トリュフォー
原作：アンリ＝ピエール・ロシェ
脚本：フランソワ・トリュフォー、ジャン・グリュオー
出演：ジャンヌ・モロー、オスカー・ウェルナー、アンリ・セール

アデルの恋の物語
原題：L'HISTOIRE D'ADELE H.
監督・製作：フランソワ・トリュフォー
原作：フランセス・V・ギール
脚本：フランソワ・トリュフォー、ジャン・グリュオー、シュザンヌ・シフマン
出演：イザベル・アジャーニ、ブルース・ロビンソン

恋のエチュード
原題：LES DEUX ANGLAISES ET LE CONTINENT

児玉　モロー演じるカトリーヌがベッドの上で「今したら、誰の子供かわからなくなるから」と明け透けに男性相手に言うあたりは驚きました。現代に観ると男性目線の典型的なファム・ファタル＝「悪女」ではないかとも感じますが、当時、そんな性に奔放なカトリーヌの女性像は女性解放運動とも結びつけられたらしいです。

佐々木　次はロベール・ブレッソンの『白夜』（一九七一）ですが、これも片思いの映画ですね。他のブレッソンの作品に比べるとやや通俗的に思われるかもしれませんが、僕はすごく好きですね。ブレッソンってやたらと神格化されていて厳格さやストイシズムばかりが強調されがちですが、実は良い意味で結構俗っぽいところがあると思うんです。『ラルジャン』（一九八三）も、思想的に捉えようとすればいくらでも出来るけど、その一方でただの無軌道な若者が下手をうつ話でもある。ブレッソンの通俗味はダルデンヌ兄弟あたりが受け継いでいると思います。そういえば次に選んだジャン・ユスターシュの『ママと娼婦』（一九七三）のジャン＝ピエール・レオー演じる主人公と『白夜』の主人公はちょっとキャラが似ている。

児玉　シネフィル的な映画が続きますね。ブレッソン、クロード・シャブロル、エリック・ロメールあたりの作家はなにがなんでも褒めるべきだというシネフィルの卓越化の文脈を感じて長らく距離があったんですが、やはり観たら感動します。『白夜』は観られていないんですが、私は『少女ムシェット』（一九六七）が傑作だと思っています。ユスター

監督：フランソワ・トリュフォー
原作：アンリ＝ピエール・ロシェ
脚本：ジャン・グリュオー、フランソワ・トリュフォー
出演：ジャン＝ピエール・レオー、キカ・マーカム

緑色の部屋
監督：フランソワ・トリュフォー
原作：ヘンリー・ジェームズ
脚本：フランソワ・トリュフォー、ジャン・グリュオー
出演：フランソワ・トリュフォー、ナタリー・バイ、ジャン・ダステ、アントワーヌ・ビデス

白夜
原題：QUATRE NUITS D'UN REVEUR
監督：ロベール・ブレッソン
原作：ドストエフスキー
脚本：ロベール・ブレッソン
出演：ギョーム・デ・フォレ、イザベル・ヴェンガルテン、ジャ

シュの『ママと娼婦』を佐々木さんはどんな風に観られていますか？

佐々木　『ママと娼婦』は僕らの世代だと、ジャン・ユスターシュという自死した天才監督の伝説的な傑作として題名だけ知り、実際に観れるまでに結構時間がかかったんです。これもたしか四方田犬彦さんの本で読んだんじゃなかったかな。だからやっと観れたときは感激しました。勝手にイメージを抱いていたいかにも才気煥発という感じではなく、ほぼ完全に会話劇だし良い意味で淡々としていて地味な作品だと思いましたが、すごい映画であることは間違いない。ジャン＝ピエール・レオーがひたすら理屈を捏ねながら恋をするだけなんですが、ずっと観ていられる。先行するヌーヴェル・ヴァーグの作家たちがそれぞれに描いてきた「はた迷惑な恋する男の肖像」の決定版と言えるのではないでしょうか。

児玉　『ママと娼婦』も一方通行の恋愛映画と言っていいでしょうか？

佐々木　いわゆる片思いではないですが、やはり矢印は一方通行なんじゃないでしょうか。レオーの独善性、エゴイズムと一体化した恋情が女性たちはもちろん彼自身をも翻弄していくさまは笑えない喜劇の趣きで、二百二十分もの上映時間のあいだにそれがどんどん押し詰まっていく。

ジャン＝リュック・ゴダールの『カルメンという名の女』（一九八三）のジャック・ボナフェ扮するジョゼフも思い込みの強い「恋する男」ですね。マルーシュカ・デートメル

ン＝モーリス・モノワイエ、ジェローム・マサール

ラルジャン
原題：L'ARGENT
監督・脚本：ロベール・ブレッソン
原作：L・N・トルストイ
出演：クリスチャン・パティ、カロリーヌ・ラング、バンサン・リステルッチ、マリアンヌ・キュオー

ママと娼婦
原題：LA MAMAN ET LA PUTAIN
監督・脚本：ジャン・ユスターシュ
出演：ベルナデット・ラフォン、ジャン＝ピエール・レオー、フランソワーズ・ルブラン

少女ムシェット
原題：MOUCHETTE

スのカルメンに一目惚れして仕事もフィアンセも捨てて尽くすのだけど、カルメンは彼を利用することしかおそらく考えてない、というか利用する価値もないと思われている。メリメの原作も同じといえば同じ設定なんですが、ゴダールは現代に舞台を移し替えたうえに、より身も蓋もないストーリーにしている。それでいてそこにある「恋愛」のやぶれかぶれさは胸を打つ。

児玉　ゴダールで恋愛映画を一本挙げるとしたら、『女は女である』（一九六一）をはじめ、パートナーだったアンナ・カリーナ時代のタイトルになりそうなものですよね。明らかに恋しているまなざしで撮られていますし。そうではなく、『カルメンという名の女』。

佐々木　カリーナやアンヌ・ヴィアゼムスキーは実際にゴダールと結婚していたわけですが、このときはもうアンヌ・マリー・ミエヴィルとのパートナー時代に入ってしばらく経っていて、ゴダールも年を取ってきて我が事ではなくてより普遍的な「狂気の愛」を描こうとしたのじゃないかと思います。何度か書いたことがありますが、『カルメンという名の女』はいわゆる「ソニマージュ＝ソン（音）＋イマージュ（映像）の有機的接合」という意味でも興味深いし、僕は初公開でゴダールを観たのがこれの前の『パッション』（一九八二）からだったので、八〇年代の作品に思い入れがあるんですよね。

児玉　私がゴダールをリアルタイムで観られたのは、『さらば、愛の言葉よ』（二〇一四）でした。大学時代には映画の授業で『勝手にしやがれ』（一九六〇）のレポートを提出したん

監督・脚本：ロベール・ブレッソン
原作：ジョルジュ・ベルナノス

カルメンという名の女
原題：PRENOM CARMEN
監督：ジャン＝リュック・ゴダール
原作：プロスペル・メリメ
脚本：アンヌ＝マリー・ミエヴィル
出演：マルーシュカ・デートメルス、ジャック・ボナフェ、ミリアム・ルーセル、クリストフ・オーデン

女は女である
原題：UNE FEMME EST UNE FEMME
監督・脚本：ジャン＝リュック・ゴダール
原案：ジュヌヴィエーヴ・クリュニ
出演：ジャン＝ポール・ベルモ

ですが、「これは分析ではなく単に文献紹介だ」と先生から手厳しく評価されて（笑）。佐々木さんが責任編集をされた『フィルムメーカーズ　ジャン＝リュック・ゴダール』（宮帯出版社）で『女は女である』評を書いたときに、そんな苦い思い出で敬遠していたゴダールのフィルモグラフィをようやくきちんと辿りました。

佐々木　僕は『カルメンという名の女』を大学の講義でもよく観せていましたし、人生で最も何度も繰り返し観た映画だと思います。

児玉　佐々木さんが『この映画を視ているのは誰か？』（作品社）を刊行されたときのトークイベントにも行ったんですが、『カルメンという名の女』を主に音響から分析していて、一見なかなか繋がるようには思えないガス・ヴァン・サントの『エレファント』（二〇〇三）との影響関係に流れていったのが面白かったです。

アジア映画と近現代史

佐々木　ありがとうございます。次のエドワード・ヤンの『牯嶺街少年殺人事件』（一九九一）は、主人公の少年が好きで好きで仕方ない女の子が実は……という話。

児玉　恋愛のストーリーだけ抽出すると、これまでの映画の趣向がほぼ同じように聞こえます。

ンド、アンナ・カリーナ、ジャン＝クロード・ブリアリ

パッション
原題：PASSION
監督・脚本：ジャン＝リュック・ゴダール
出演：イザベル・ユペール、ハンナ・シグラ、イエジー・ラジヴィオヴィッチ

さらば、愛の言葉よ
原題：ADIEU AU LANGAGE 3D
監督：ジャン＝リュック・ゴダール
出演：エロイーズ・ゴデ、カメル・アブデリ、リシャール・シュヴァリエ、ゾエ・ブリュノ

勝手にしやがれ
原題：A BOUT DE SOUFFLE
監督・脚本：ジャン＝リュック・ゴダール
監修：クロード・シャブロル

『牯嶺街少年殺人事件』
DVD好評発売中　価格（税込み）：6380円　発売元・販売元：株式会社ハピネット

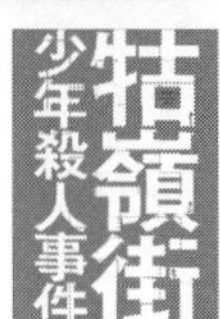

佐々木　ホントですね（笑）。『牯嶺街』はさまざまな切り口で語れる映画だと思いますが、結局はあの痛切なラストシーンに集約されると思うんですね。人によってはあのメロドラマ性を良しとしないのかもしれませんが、僕は最初に観たときは数日あとを引くほど打ちのめされました。

児玉　エドワード・ヤンの映画はもちろん観ているんですが、具体的に言及するのが難しい作家です。物語を起承転結で簡潔に説明できない印象があって。

佐々木　これはむしろ良い意味で言うのですが、物語を思い出そうとするとぼんやりとしたイメージしか出てこないところがあるんですよね。ヤンの恋愛映画と言えば『台北ストーリー』（一九八五）かもしれませんが、僕はやはりこちらを選びたいと思いました。恋の終わりが世界の終わりになり、それが映画の終わりになる。もちろんその背景には台湾の現代史が存在しています。侯孝賢にせよエドワード・ヤンにせよ、台湾の歴史は波乱に富んでいるので、この世代の作家たちはどんな題材で撮っても、どこか台湾史を撮っているようになる。歴史を描くことと個人を描くことの調律にこそ作家的な個性が出ると思うんですが、この二人がいたからこそ、その後の台湾映画史があるのだと思います。やはり四方田（犬彦）さんがどこかで書いていたと思うんですが、ヤンは国際的な成功を収めた侯孝賢に嫉妬していたらしいんですね。ヤンはアメリカに移住して新作を準備している途中にガンで亡くなってしまうんですが、二〇〇〇年の『ヤンヤン　夏の想い

原案：フランソワ・トリュフォー
出演：ジャン＝ポール・ベルモンド、ジーン・セバーグ

エレファント
監督・脚本：ガス・ヴァン・サント
出演：ジョン・ロビンソン、アレックス・フロスト、エリック・デューレン

牯嶺街少年殺人事件
原題：牯嶺街少年殺人事件
監督：エドワード・ヤン
脚本：エドワード・ヤン、ヤン・ホンカー、ヤン・シュンチン、ライ・ミンタン
出演：チャン・チェン、リサ・ヤン、チャン・クォチュー、エイレン・チン

台北ストーリー
原題：青梅竹馬
監督：エドワード・ヤン
製作：侯孝賢

出』が遺作になった。さぞ無念だっただろうと思います。

児玉　そうなんですか。オリヴィエ・アサイヤスが監督した侯孝賢のドキュメンタリー映画『ＨＨＨ：侯孝賢』（一九九七）が最近ありましたが、素顔の素朴さに驚きつつ、ちょっとマッチョっぽさを感じもしました。

佐々木　『ＨＨＨ：侯孝賢』のラストはカラオケで熱唱する侯孝賢で、あのオヤジっぷりがスゴいといえばスゴい（笑）。親分肌で、いかにも知性派のエドワード・ヤンとはまったくタイプが違う。でもなんと言うか、知的ではない知性を持った人で、じっくりと腰を据えて大きな物語も語れるし、理屈抜きにとてつもないショットが撮れてしまう。侯孝賢にもエドワード・ヤンにもインタビューしたことがありますが、ヤンは大学の先生みたいで、侯孝賢はテキヤの大物みたい。言うまでもなくどちらも映画史に残る稀有な才能ですが。

児玉　台湾映画といえば、日本の「キラキラ青春映画」とも並べて語れそうなラブストーリーが多いイメージもありましたが、やはりこの二大巨匠の存在は外せないですね。

佐々木　アピチャッポン・ウィーラセタクンは恋愛色がそこまで強くない作家ですが、『トロピカル・マラディ』（二〇〇四）は恋愛映画としても観れる作品なので選びました。

児玉　二部構成の映画で、前半が兵士と農家の息子の少年同士の恋の物語が描かれ、後半では虎と兵士の森の中での追跡劇になる。アピチャッポンはゲイの映画作家ですが、最初か

脚本：チュー・ティエンウェン、ホウ・シャオシェン、エドワード・ヤン

ヤンヤン　夏の想い出
原題：YI YI
監督：エドワード・ヤン
出演：ジョナサン・チャン、ケリー・リー、イッセー尾形

ＨＨＨ：侯孝賢
原題：HHH - UN PORTRAIT DE HOU HSIAO-HSIEN
監督：オリヴィエ・アサイヤス
出演：侯孝賢、チュー・ティエンウェン、チェン・クォフー

トロピカル・マラディ
原題：Satpralat
監督：アピチャッポン・ウィーラセタクン
出演：バンロップ・ロームノーイ、サクダー・ゲオブアディー

ら公言していたわけではなく、『トロピカル・マラディ』が実質的にカムアウトの機能を果たしたんですよね。何度観ても色褪せない傑作です。

佐々木 僕はほんとうは『ブリスフリー・ユアーズ』（二〇〇二）が作品としては好きなんですが、『トロピカル・マラディ』のほうがわかりやすく恋愛映画なので選びました。アピチャッポンの映画って常に複数の要素が入ってて、それらを統合する主体のようなものが映画の内部に存在していない。それでも成り立ってしまうのがスゴい。いうなれば小説ではなく詩を書くように映画を撮ってるのだけど、かといって凡庸な幻想やシュールに陥らない奇妙にリアルな視線がある。ポスト・アピチャッポンと言われているタイの女性監督アノーチャ・スウィチャーゴーンポンは興味深い作家ですが、ちょっと知性が前面に出すぎていて、アピチャッポンのデリケートなおおらかさとは資質が違うと思いました。

児玉 アノーチャは『ありふれた話』（二〇〇九）と『暗くなるまでには／いつか暗くなるときに』（二〇一六）くらいしかまだ観られていませんが、感性で撮られているように見えてその実、緻密に計算されている映画だと思いました。アピチャッポンは日本でも新作の『MEMORIA メモリア』（二〇二一）が公開されたばかりで、特集を組んだ批評誌『ユリイカ』（二〇二二年三月号）に私と佐々木さんは寄稿していますよね。アピチャッポンが実生活で経験したという「頭内爆発音症候群」に悩まされるティルダ・スウィントン演

ブリスフリー・ユアーズ
英題：Blissfully Yours
監督：アピチャッポン・ウィーラセタクン

ありふれた話
原題：Jao nok krajok
監督・脚本：アノーチャ・スウィチャーゴーンポン
出演：Arkaney Cherkam、Paramej Noiam、Anchana Ponpitakthepkij

暗くなるまでには／いつか暗くなるときに
原題：Dao khanong
監督：アノーチャ・スウィチャーゴーンポン
出演：アーラック・アモーンスパシ、リアピニャ・サクジャロエンスク、アッチャラー・スワン、ワイワイリー・イティヌンクン

じる人物を巡る物語で、奇しくもふたりとも『MEMORIA』を「アピチャッポン映画の統合体」だと評しています。

佐々木　『MEMORIA』はオール・アバウト・アピチャッポンとでも言うべき作品でしたね。過去の作品の多くの要素が含まれているので、ある意味でわかりやすくなっている。ただ、舞台がタイでないとやはりトポスというか土地の魅力が出てこないのと、明確にスウィントンの主演映画になっているという問題はあると思いました。

児玉　私は『MEMORIA』について論じる際、スウィントンのクィア性から筆を走らせました。スウィントンは自身をクィアであると形容していて、もともとサリー・ポッターの『オルランド』（一九九二）など、ジェンダーを越境するような役柄でクィアなスターペルソナを確立していった役者ですよね。アピチャッポンのクィア性と見事に共鳴して成立し得た映画だと思いました。先ほど台湾の映画作家の話題でもありましたが、タイの映画作家もまた政治的な困難から免れないのだとアピチャッポンの映画を辿る上でつくづく感じました。

佐々木　スウィントンは現代映画最強の俳優ですよね。ルカ・グァダニーノの『サスペリア』（二〇一八）では老人の精神分析医を演じてたし、もはや年齢も性別も超越している。政治性ということでいうと、『光りの墓』（二〇一五）はあからさまに政治的な映画でしたよね。タイの現代史が背景にあるし、ＣＩＡエージェント（？）の超能力者が出てくる。

MEMORIA メモリア
原題：MEMORIA
監督・脚本：アピチャッポン・ウィーラセタクン
出演：ティルダ・スウィントン、エルキン・ディアス、ジャンヌ・バリバール

オルランド
原題：ORLANDO
監督・脚本：サリー・ポッター
原作：ヴァージニア・ウルフ
出演：ティルダ・スウィントン、シャルロット・ヴァランドレイ

サスペリア
監督：ルカ・グァダニーノ
脚本：デヴィッド・カイガニック
オリジナル脚本：ダリオ・アルジェント、ダリア・ニコロディ
出演：ダコタ・ジョンソン、ティルダ・スウィントン、ミア・ゴス

コミュニケーションとエモーション

佐々木 僕の最後はイエジー・スコリモフスキの『アンナと過ごした4日間』(二〇〇八)です。

児玉 『アンナと過ごした4日間』は、レオンという男が恋している女性がいるんですが、性暴行されている現場を偶然目撃してしまうんですね。実は着想源になったのは、日本人男性が毎晩意中の女性の寝室に侵入して見守っていた事件の新聞記事らしいです。冒頭から何の前置きもなく不審な男が誰かを追い回しているショットで入るので、見間違いかと思いました。佐々木さんのオールタイムベストは、最後まで清々しくストーカー映画で貫かれていましたね。

佐々木 スコリモフスキには『早春』(一九七〇)という、これまた重度の片思い映画もあります。スタイルやテーマに一貫性があるようなないような不思議な監督ですが、どの作品も傑出しています。『イレブン・ミニッツ』(二〇一五)なんて何が起きているのかわからない。それに比べると『アンナと過ごした4日間』はちゃんとストーリーが辿れる、というか題名に書いてある。

児玉 ストーキング行為もきちんと段階を踏んで悪化していきますからね。主人公はついに片思い相手の自宅に侵入して、寝ている彼女の乳房に触れようとするものの、それはダメだと一線は超えないように踏みとどまる。とはいえ不法侵入しているのですでに一線は

光りの墓
原題：CEMETERY OF SPLENDOR
監督・脚本：アピチャッポン・ウィーラセタクン
出演：ジェンジラー・ポンパット・ワイドナー、バンロップ・ロームノーイ、ジャリンパッタラー・ルアンラム

アンナと過ごした4日間
原題：CZTERY NOCE Z ANNA
監督：イエジー・スコリモフスキ
脚本：イエジー・スコリモフスキ、エヴァ・ピャスコフスカ
出演：アルトゥール・ステランコ、キンガ・プレイス

早春
原題：DEEP END
監督：イエジー・スコリモフスキ
脚本：イエジー・スコリモフスキ、J・グルーザ、B・スリク
出演：ジェーン・アッシャー、

超えているんですけど。暗闇の家で他人のシャツの取れていたボタンを縫い始めたときは、また見間違いかと思いました。一方的で献身的な愛の形が、佐々木さんにとっての恋愛映画観だとよくわかりました。

佐々木　片思いに落ちるのは一瞬の出来事で、しかも結果だって大概はすぐに出てしまうものじゃないですか。でも僕が挙げてきた映画ではどれも、相手の気持ちとは関係なく、恋する気持ちが大切にされる。だからおかしいとも言えるし、だから切ないとも、だから尊いとも言える。まあ、場合によってはものすごい迷惑な話なのだけど。

児玉　『アンナと過ごした4日間』も主人公は相手の女性と共に四日間も近くで過ごしていながら、対面するのは最後の裁判が初めてですもんね。向かい合うことがなければ、自分の思いにはなんら変化も訪れない。とりわけラストが示唆的で、主人公が出所すると覗き見していた彼女の住んでいた場所の前に巨大な壁が建っている。それは彼の妄執的な恋慕が暴力的に断絶されてしまったとも捉えられるし、逆にいえば永遠に一人で壁打ちしていられる、とも捉えられると思いました。

佐々木　もちろん相手の気持ちを理解しようとしないのは、現実世界では良くないですよね。サイコパスのストーカーになりかねない。ただ映画として観たとき、僕はどうしてもそこに純度の高い「恋愛」を見出してしまうようです。たぶん「恋愛」をコミュニケーションではなく、エモーションだと思っているのでしょう。

ジョン・モルダー＝ブラウン

イレブン・ミニッツ
原題：11 MINUT
監督・脚本：イエジー・スコリモフスキ
出演：リチャード・ドーマー、パウリナ・ハプコ、ヴォイチェフ・メツファルドフスキ

恋愛と性別

児玉　私の外国恋愛映画ベスト一本目はF・W・ムルナウの『都会の女』（一九三〇）です。タイトルの通り、都会に住む女が農家の男と出会ってその農家に嫁ぐ恋愛映画で、筋だけを説明すると古風に聞こえるかもしれませんが、非常に両義的な作品だと思ったんですね。Gucchi's Free Schoolがこの映画を日本で初めてソフト化して、リーフレットに解説文を寄稿しました。ムルナウで好きな恋愛映画は『サンライズ』（一九二七）でしたが、『都会の女』を観て変わりました。

佐々木　これは僕もソフトを買いました。児玉美月さんの解説めあてで（笑）。

児玉　日本恋愛映画のベストでは密室劇が多かったんですが、『都会の女』に関しては、ひとつの恋によって、都会の小さな部屋から壮大な自然へと場所が開かれていく映像表現が素晴らしいんです。主人公と農家の息子が家父長的な価値観の父親と嵐のなかで対立して和解する、ハリウッド的なハッピーエンドにも見えるんですが、単純なハッピーエンドの定石をなぞるなら、嵐を止ませると思うんですよ。そこで嵐を止ませなかったムルナウの映像に、ハッピーエンドへの抵抗のようなものが透けて見えた。父親は改心したように見えましたが、それでも家父長的な家庭に女性がおさまっていく結末が果たして幸福なのかどうかは容易く判断できないですから。

都会の女
原題：CITY GIRL
監督：F・W・ムルナウ
原作：エリオット・レスター
脚本：ベルトルト・フィアテル、マリオン・オース

サンライズ
原題：SUNRISE
監督：F・W・ムルナウ
原作：ヘルマン・ズーデルマン
脚本：カール・マイヤー
出演：ジャネット・ゲイナー、

佐々木　今回日本で初めてソフト化されたのは、現代のフェミニズム的な観点から論じることが出来る作品だからということもあったのでしょうね。

児玉　Gucchi's Free Schoolは、そういった意識を持って活動している団体です。二本目はライナー・ヴェルナー・ファスビンダーの『13回の新月のある年に』（一九七八）。映画のトランスジェンダー表象を研究していた二〇一六年あたりに観ました。

佐々木　これは本当に痛々しい映画です。

児玉　主人公のエルヴィラは、かつて愛した男性のために性別を変えて女性になるんですね。そんなエルヴィラのこの世を去るまでの最後の五日間を描いた映画なんですが、このラストシーンが湛える孤独は忘れ難いです。後から言及する映画にも通じることですが、私は「性別」が恋愛にとって如何なるものなのかという命題を掲げて哲学する作品に意識が向かっていると思います。物語の核心に触れてしまいますが、『13回の新月のある年に』の主人公は、女性に性的指向が向く男性のために女性になっても、結局は愛してもらえません。

佐々木　神代辰巳の『悶絶!!どんでん返し』と並べてみたくなりました。相手の要求にひたすら応じることでしか愛を獲得する術がないと思い込み、性転換さえするのに、最後の最後は生まれ持った「性」に阻まれる。

児玉　エルヴィラはジェンダー・アイデンティティが女性だったから性別移行したわけではな

ジョージ・オブライエン

13回の新月のある年に
原　題：IN EINEM JAHR MIT 13 MONDEN
監督・製作・脚本・撮影：ライナー・ヴェルナー・ファスビンダー
出演：フォルカー・シュペングラー、イングリット・カーフェン、ゴットフリード・ジョン

悶絶!!どんでん返し

く、ただ愛している人のためだったわけです。ジェンダーの問題と言えば、『渚のシンドバット』でも相原が自分を好きな吉田に、自分を好きになったのは女だからで、男だったら好きにならなかったはずだと責め立てるシーンがあったことも思い出されます。

佐々木 そして伊藤は相原の服を着ている。相原にそう言われて、吉田は「違うんだ」としか言えないのだけど、ほんとうは違わない。かなしいですよね。

児玉 グザヴィエ・ドランの『わたしはロランス』(二〇一二)も、自分は女性なのだとカムアウトしてきた恋人とどう一緒にいられるのかを描いた作品ですが、性別移行の問題がなかったとしてもやはりふたりの関係は終わっていたのではないか、という台詞があるんですね。恋愛感情や恋愛関係に性別が重要な要素として絡んでくることは間違いないけれど、結局つきつめてみても、でもわからないよね、と言っている映画に惹かれるのかもしれません。

時代を席巻した作品たち

児玉 次の映画はレオス・カラックスの『ポンヌフの恋人』(一九九一)です。

佐々木 ここへきてど真ん中の現代恋愛映画が来ましたね。

児玉 路上生活をしているドニ・ラヴァンと目に病を抱えたジュリエット・ビノシュが出会っ

↓P166参照

渚のシンドバット
↓P191参照

わたしはロランス
監督・脚本・衣装・編集:グザヴィエ・ドラン
出演:メルヴィル・プポー、スザンヌ・クレマン、ナタリー・バイ

ポンヌフの恋人
原題:LES AMANTS DU PONT-NEUF
監督・脚本:レオス・カラックス
出演:ドニ・ラヴァン、ジュリエット・ビノシュ、クラウス=

て恋に落ちるんですが、ビノシュの目が治るかもしれないとわかり、二人の関係性にも変化が訪れる恋愛映画です。一つの側面ですが、社会的階層がどう恋愛関係に影響を及ぼすかという厳しい映画でもあると思います。カラックス自身が悲観主義者であり、恋愛の報われなさを一貫して描いている作家ですよね。永遠に愛の否定をし続けてほしいです。

佐々木　『ボーイ・ミーツ・ガール』（一九八三）もまさにそうですね。恋愛映画とは言えませんが『ホーリー・モーターズ』（二〇一二）はどうでしたか？

児玉　恋愛映画という括りなしでカラックスのベスト映画を選ぶなら、私は『ホーリー・モーターズ』ですね。カラックスのベスト映画として選ぶには邪道かもしれませんが、純然たる映画のための映画で、カラックス自身が劇中に登場したときにスクリーンを観ながら真にカラックスは映画史にとって記念碑的な存在だと思いました。続けてウォン・カーウァイの『ブエノスアイレス』（一九九七）。一九九七年のカンヌ国際映画祭で監督賞を受賞した、付かず離れずを繰り返す男同士の恋愛映画です。

佐々木　時代を席巻した作品が続きますね。撮影のクリストファー・ドイルによるこの映画のルックは、香港映画の枠を超えて非常に大きな影響を与えたと思います。

児玉　モノクロとカラーの切り替わりや、青と赤の鬩ぎ合いといった色彩の様相が美しいですよね。どうしようもないのに離れられない恋愛の苦しい心象風景が密室空間と結びつい

ミヒャエル・グリューバー

ボーイ・ミーツ・ガール
監督・脚本：レオス・カラックス
出演：ドニ・ラヴァン、ミレーユ・ペリエ

ホーリー・モーターズ
監督・脚本：レオス・カラックス
出演：ドニ・ラヴァン、エディット・スコブ、エヴァ・メンデス、カイリー・ミノーグ

ブエノスアイレス
原題：春光乍洩
監督・製作・脚本：ウォン・カーウァイ
出演：レスリー・チャン、トニ

ています。のちの数えきれないほどのクィア映画に影響を与えた作品ですが、たとえば『ムーンライト』では「ククルクク・パロマ」という同じ楽曲が流れていて、監督のバリー・ジェンキンスはオマージュを捧げていると明言しています。

さて五本目は、ミヒャエル・ハネケの『ピアニスト』（二〇〇一）です。イザベル・ユペール演じるところのピアノ教師が男子学生から熱烈なアプローチを受けるものの、なかなか恋仲に発展しないどころか、倒錯的な欲望に蛇行運転していく悲しき変態映画です。原作はノーベル文学賞の受賞歴もあるエルフリーデ・イェリネクの同名小説で、とにかく晦渋な文体で読み進めるのも一苦労なんですが、それでも映画よりは物語が理解しやすくなっています。映画のほうが余白が多いです。

佐々木 イェリネクは劇作家としても有名で、作品は例外なく難解です。原作の新訳が二〇二一年に刊行されたばかりですが、とにかく分厚い。言葉の密度が凄い。

児玉 映画を観てから小説を追って読んだんですが、主人公は小説では身体の感覚がないから視覚が大事なんだというようなことを言っていたり、映画の核を説明されているようでした。

佐々木 これはハネケのなかではかなり抑制がきいていて、おとなしい映画じゃないですか。意図的にエキセントリックさを抑えている。

児玉 そうとも言えるかもしれませんが、やはりあのラストは衝撃じゃなかったですか？ マ

ー・レオン

ムーンライト
→P59参照

ピアニスト
原題：LA PIANISTE
監督・脚本：ミヒャエル・ハネケ
原作：エルフリーデ・イェリネク
出演：イザベル・ユペール、ブノワ・マジメル、アニー・ジラルド

ゾヒスティックな願望含め、倒錯的性癖が恋愛を崩壊させてしまう切なさがあります。

密室劇——出ていく人、残る人

児玉　次の映画は、ベルナルド・ベルトルッチの『ドリーマーズ』（二〇〇三）です。アメリカ人留学生のマイケル・ピットが、シネフィルの集う場で活動家の双子のルイ・ガレルとエヴァ・グリーンと出会い、両親が不在のあいだだけその双子の家で同居するんですね。

佐々木　『暗殺の森』（一九七〇）や『暗殺のオペラ』（一九六九）、マリア・シュナイダーに性暴行シーンの詳細を知らせないまま撮影を強行していたことが判明して物議を醸した『ラストタンゴ・イン・パリ』（一九七二）など、ベルトルッチの黄金時代からすれば『ドリーマーズ』はパワーが後退しているとも言えますが、今回あらためて観直して、僕はすごく面白かったですね。ベルトルッチってこういう映画も撮れるんだなと思いました。

児玉　『ラストタンゴ・イン・パリ』の一件を報道で知ったのが二〇一六年だったので、『ドリーマーズ』を観た当時はまだ知りませんでした。『ラストタンゴ・イン・パリ』のその点は批判されなければいけない。ただ『ドリーマーズ』は学生時代に観て、五月革命のフランスをテーマにした映画が溢れているなか、傑出した耽美さに陶酔させられた記憶

ドリーマーズ
原題：THE DREAMERS
監督：ベルナルド・ベルトルッチ
原作・脚本：ギルバート・アデア
出演：マイケル・ピット、エヴァ・グリーン、ルイ・ガレル

暗殺の森
原題：IL CONFORMISTA
監督・脚本：ベルナルド・ベルトルッチ
原作：アルベルト・モラヴィア
出演：ジャン＝ルイ・トランティニャン、ドミニク・サンダ

暗殺のオペラ
原題：STRATEGIA DEL RAGNO
監督・脚本：ベルナルド・ベルトルッチ
原作：ホルヘ・ルイス・ボルヘス
脚本：ベルナルド・ベルトルッチ、マリル・パロリーニ、エドゥアルド・デ・グレゴリオ

が強く残っています。とにかくエヴァ・グリーンが魅力的で、ヌーヴェル・ヴァーグの名画のヒロインたちの映像が差し込まれて重なり合う瞬間にもときめきました。

佐々木 序盤でエヴァ・グリーンの髪が蝋燭で燃える瞬間だけコマ伸ばしになるあたり、わざとらしいんだけどやっぱり巧いなあと。台詞もいちいち気が利いているんですよね。センスだけで出来ている映画というか。

児玉 そうなんですよ。「スクリーンは僕らを社会から遮断したが、一九六八年の春のある午後、社会がスクリーンになだれ込んできた」とか、台詞が洒落ている。シネフィル心をくすぐる恋愛映画ですよね。

佐々木 これは児玉さんが挙げた他の作品とは、恋愛の在り方が少し違いませんか？

児玉 『ドリーマーズ』の恋愛の形が異質なのは、恋愛がほとんどの場合、つねに排他的な一対一で行われる営みなのに対して、一対二で行われているところでしょうか。マイケル・ピットは双子に対して「ひとりの人間の分身同士」だと思っている。その上でエヴァ・グリーンと恋仲に発展していくわけですが、セックスするときですらルイ・ガレルはそこに介在しているので、変形的な三角関係だと言える。マイケル・ピットにとってエヴァとルイはふたりでひとりなんですよね。だからある意味では三角関係なようで三角関係でもない。

佐々木 この映画も密室劇ですね。

出演：ジュリオ・ブロージ、アリダ・ヴァリ

ラストタンゴ・イン・パリ
原題：ULTIMO TANGO A PARIGI
監督：ベルナルド・ベルトルッチ
脚本：ベルナルド・ベルトルッチ、フランコ・アルカッリ
出演：マーロン・ブランド、マリア・シュナイダー、ジャン＝ピエール・レオー

児玉 私が密室空間を舞台にした映画に惹かれるのは、おそらくそこから出ていく人とそこに残る人がどう分かたれていくのかを見届けたい願望からきているようにも思うんですが、結末に触れてしまうと『ドリーマーズ』の場合は明確に双子がそこに残り、マイケル・ピットは出ていく。恋愛とはそこから出ていくか留まり続けるかの闘争の場だと言っている映画だったと思います。

七本目はアンヌ・フォンテーヌの『恍惚』（二〇〇三）。これは会話の官能性だけで女性同士の恋愛が駆動する映画だと捉えています。セックスワーカーの女性に、浮気しているかもしれない夫を誘惑してほしいと妻が依頼するんですが、その女性から夫との情事の報告を聞いているうちに、いつの間にかその女性と妻のほうに性的な色香が漂い始めるんですね。この映画には最後の最後に抱擁があるだけで直接的な性描写はないんですが、その後にハリウッドで『クロエ』（二〇〇九）のタイトルでリメイクされて、そちらのほうにはベッドシーンがある。それが露わにされた『クロエ』を観たとき、曖昧だった『恍惚』の底流にはやっぱり女性同士の性愛や恋愛があったんだと思いました。

佐々木 夫のジェラール・ドパルデューが最初からいかにも怪しい雰囲気なので、きっと何かやらかすに違いないとつい思ってしまいました（笑）。

児玉 フランス映画の『恍惚』は、言葉が横滑りしていって実際には何が起きたかわからない含みが豊かにあります。それをハリウッド版は、すべて直情的に描いているんですよ

恍惚
原題：NATHALIE...
監督：アンヌ・フォンテーヌ
原案：フィリップ・ブラスバン
脚本：アンヌ・フォンテーヌ、ジャック・フィエスキ、フランソワ＝オリヴィエ・ルソー
出演：ファニー・アルダン、エマニュエル・ベアール、ジェラール・ドパルデュー

クロエ
原題：CHLOE
監督：アトム・エゴヤン
脚本：エリン・クレシダ・ウィルソン
オリジナル脚本：アンヌ・フォンテーヌ
出演：ジュリアン・ムーア、リーアム・ニーソン、アマンダ・セイフライド

ね。ともあれ会話そのものが性行為ですらある恋愛映画のもっとも優れた例として、『恍惚』を選びました。

八本目のロウ・イエの『スプリング・フィーバー』(二〇〇九)は、物語は人間関係がやや複雑なんですが、夫の浮気を疑った女性が探偵に調査を依頼して、夫の浮気相手が男性であることが判明、すると探偵と浮気相手が次第に惹かれ合うようになっていきます。探偵、浮気相手、探偵の恋人の女性の三人の男女のロードムービーでもありました。

佐々木 神代辰巳の映画のようでもありますよね。複数の恋愛が情熱的に描かれています。

児玉 中国のクィア映画において現状の最高傑作だと思います。そもそも中国では上映もままならないので、クィア映画自体がきわめて少ないですが。『スプリング・フィーバー』は二〇〇九年ですが、中国で初めてのゲイ映画と言われる『東宮西宮』は一九九六年、中国で初めてのレズビアン映画と言われる『残夏』は二〇〇一年です。『スプリング・フィーバー』は家庭用のデジタルカメラでゲリラ的に撮られた背景も相まって、映像に立ち上がる切迫性を強く感じたんです。ここに映し出される人間たちは、痛々しいまでに映画に映し出されなければいけなかったんだと。

お金の介在と対等なふたり

スプリング・フィーバー
原題:SPRING FEVER
監督:ロウ・イエ
脚本:メイ・フォン
出演:チン・ハオ、チェン・シーチェン、タン・チュオ

東宮西宮
原題:東宮西宮
監督:チャン・ユアン
脚本:チャン・ユアン、ワン・シアボ
出演:シー・ハン、フー・ジュン

残夏
原題:今年夏天
監督・脚本:李玉
出演:潘怡、石頭

児玉　次の映画は温度がまったく違いますが、韓国の『詩人の恋』（二〇一七）です。結婚している中年男性がドーナツ店で働く若い男性に惹かれていく作品で、恋愛とも友愛ともつかない感情が繊細なニュアンスで描かれています。

佐々木　打って変わってミニマルな映画ですね。

児玉　韓国映画でゲイ映画を撮る代表的な騎手には、ゲイを公言しているイ・ソンヒイルやキム・チョ・グァンスらがいます。それぞれイ・ソンヒイルはシリアスなトーンで暴力や権力構造を炙り出す印象があり、キム・チョ・グァンスはそうした差別や偏見を全面に出すよりはコメディタッチの軽やかな印象が強いんですね。この映画の監督は女性のキム・ヤンヒという方で、どちらの作家性とも異なる手つきで男性の同性愛（的）表象を立ち上げている。『詩人の恋』では男性同士の親密な関係が詩人の妻を加えた不妊問題と併走し、リプロダクティブ・ヘルス／ライツに関する女性特有の視点も導入されている。

佐々木　児玉さんはこの『詩人の恋』の恋愛のどういったところが良かったんでしょうか？

児玉　『詩人の恋』では、終盤で年上の男が年下の男にお金を渡すんですね。恋愛においてお金の問題が絡まると醒めてしまう部分もあると思うんですが、ちゃんと上の世代が下の世代の将来のためにお金を出してやるのが良かったです。

詩人の恋
原題：시인의 사랑
監督・脚本：キム・ヤンヒ
出演：ヤン・イクチュン、チョン・ヘジン、チョン・ガラム

佐々木 持つ者が持たざる者を助けるような意味合いがありますよね。本当はどちらも持たざる者なのに。

児玉 舞台がチェジュ島で、ふたりともどこにも行けない者同士として出会うんですが、行く者と行かせてやる者へと分化していく。お金はそこに介在していました。

佐々木 filmarksなどのレビューサイトを見てみると、男性同士の関係よりも、妻との不妊問題にフォーカスしている人のほうが多い気がしました。

児玉 映画は同性愛的な関係を描いているんですが、一方で保守的でもあるじゃないですか。伝統的な家族像を維持し続けるし、結論に接近することを言ってしまうと、結局はそこに回帰していきさえします。なので、映画にかかわる語りが異性同士の法律婚や子供に傾倒してしまうのも納得がいく。

佐々木 どこか都合がいい感じが否めないのも、ホン・サンスの映画に近い落とし所ですよね。

児玉 ホン・サンスも作家や先生といった職業の中年男性ばかりを描いていますしね。最後の一本はセリーヌ・シアマの『燃ゆる女の肖像』（二〇一九）です。画家の女が貴族の娘の肖像画を描くことになり、そのふたりが次第に恋愛関係になっていくレズビアン映画ですね。初めて観たとき、ラストの長回しにはやっぱり感動しました。

佐々木 舞台劇のような作品でした。自然の風景も出てくるのだけど、どこか人工的というか。ラストシーンはヒロインを突き放しているようにも見えますが、やっぱりグッときます

『詩人の恋』
配給：エスパース・サロウ

よね。『君の名前で僕を呼んで』のラストとやり口が少し似ているんですが、こっちのほうが高尚だと思います。意味を一つに集約させていない。

児玉 シアマは物語を書くとき、対等にいる者同士がどうなっていくかに興味があるらしいんですね。これも女性同士ではなく異性同士だと、権力関係の非対称性を含むのでまったく異なる様相を呈するじゃないですか。

佐々木 『燃ゆる女の肖像』で描かれるふたりは、階層の違い、雇用する側とされる側という違いはもちろんあるのだけれど、知的水準や感性という点では完全にイーブンなんですよね。どちらかがどちらかに惹かれてというのではなく、いわば自然生成的に恋愛になっていく。

児玉 そうかもしれません。『燃ゆる女の肖像』の視線についてはさまざまな分析がなされていますが、私がまだ何にも触れずにマスコミ試写で観て感じたのは次のようなことでした。エロイーズを見つめるマリアンヌのラストショットは、およそ二分二十七秒ある。これは体感としては長い。ではなぜそれほどまでに、長い時間をかけなければならなかったのか。ここでの視線劇では、カメラの背後にいる女性の映画作家のまなざし、女を愛する女のまなざし、カメラの視線と同一化する観客のまなざしという少なくとも三つのレイヤーが重なり合う。ローラ・マルヴィの論文「視覚的快楽と物語映画」がハリウッドの主流映画において「見る男性／見られる女性」という非対称な性差構造を指摘し

燃ゆる女の肖像
原題：PORTRAIT DE LA JEUNE FILLE EN FEU
監督・脚本：セリーヌ・シアマ
出演：ノエミ・メルラン、アデル・エネル、ルアナ・バイラミ

たように、これまで映画史においていかに男性がまなざしを占有してきたかについて、シアマは自覚的な作家です。つまりその時間は、そうした歴史が構築してきた男性中心主義的な制度的機序のまなざしを奪還せんとしようとするための時間であり、映画史に「女性のまなざし」を刻印するための時間だった。ここまでラブロマンスとフェミニズム／レズビアン映画史的な総決算をひとつの作品のなかで成し遂げた映画との出会いはこれまでなかなかありませんでした。だから恋愛映画のオールタイムベストの最後は『燃ゆる女の肖像』で飾りたかったんです。

佐々木　こうしてお互いのベスト恋愛映画が出揃ってみると、一般的な恋愛映画のセレクションからは程遠いというか、ふたりとも癖が強いですね（笑）。

児玉　私はできるだけ王道な作品と変わり種の作品を組み合わせてみたつもりだったのですが、それでもふたりの趣味趣向がわかりやすい形で出たような気がしています。

〈二〇二一年二月二十四日収録〉

第八章

恋愛映画の現在

二〇二二年公開の新作

アネット
イントロダクション
あなたの顔の前に
チェリまほ THE MOVIE 30歳まで童貞だと魔法使いになれるらしい
愛なのに
猫は逃げた
TITANE チタン
リコリス・ピザ

『リコリス・ピザ』

7.1（金）よりTOHOシネマズ シャンテほか全国ロードショー！

反＝恋愛映画——『アネット』

児玉　締めくくりとして、現在地点での最新の恋愛映画を見ていきましょう。私は恋愛映画のオールタイムベストにレオス・カラックスの『ポンヌフの恋人』を入れましたが、恋愛映画作家といえばカラックスだと思っているところがあります。なのでまずはカラックスから入りたいなと。九年ぶりとなる新作の『アネット』（二〇二一）は、スパークスが原案と音楽を手がけていますね。

佐々木　ロンとラッセルのメイル兄弟によるスパークスは音楽ファンにとっては生きた伝説のような存在で、エドガー・ライト監督による秀逸なドキュメンタリー映画『スパークス・ブラザーズ』（二〇二一）も公開されました。スパークスはシアトリカルなサウンドとペシミスティックでブラックな歌詞で知られてますが、『アネット』は彼らが書いた映画原案とシナリオがあって、映画化を熱望しながら実現していなかったのを、長年のスパークス・ファンだったカラックスが自作として監督したという経緯があります。一種のピカレスク・ロマンで、じつに暗い話ですが、これはスパークスの持ち味でもある。しかし同時に、これはもうどこをどう見ても、レオス・カラックスらしい映画になっていると思いました。

児玉　佐々木さんは試写の後、日本ではあまり受け入れられないんじゃないかとおっしゃって

『ポンヌフの恋人』
↓P216参照

アネット
原題：ANNETTE
監督：レオス・カラックス
原案：スパークス
脚本：ロン・メイル、ラッセル・メイル、レオス・カラックス
出演：アダム・ドライヴァー、マリオン・コティヤール、サイモン・ヘルバーグ

スパークス・ブラザーズ
原題：THE SPARKS BROTHERS
監督：エドガー・ライト
出演：ロン・メイル、ラッセル・メイル、ベック、フリー

いましたが、それはどういった意図だったんでしょう？

佐々木　観客の観たくないものばかり描かれているじゃないですか。だから今の日本の観客は好まないように感じたんです。ここ最近の日本社会って、皮肉やアイロニーが受け入れられがたくなっているので。これはまさしく「反＝恋愛映画」ですよね。恋愛という出来事／現象が含んでいる虚偽や欺瞞やパラドックスや悪徳のようなものをものすごく捻ったかたちで描いている。そう、恋愛に潜む悪ってキラキラ青春映画の対極にあるものじゃないですか。

児玉　『アネット』はスタンダップコメディアンの男性とオペラ歌手の女性の夫婦の映画ではありますが、骨子としては愛の否定が描かれています。日本からは古舘寛治、水原希子、福島リラが出演していて、水原希子の性被害を訴える出演シーンは「#MeToo」を模しているようにも見えます。もっともラッセルが言うには、その前に書かれたということですが、まさに今取り沙汰されているイシューが奇しくも随所に見受けられます。

佐々木　今年（二〇二二年）のアカデミー賞で、クリス・ロックがウィル・スミスのパートナーの女性の病気に関するジョークを言って、スミスが壇上に行って平手打ちする事件が起きたじゃないですか。アメリカのスタンダップコメディアンは全国各地を回りながら、その時その場限りという前提で差別や罵倒すれすれ、というかそれそのものの酷いジョークを言ってお客さんを笑わせる。お客さんもそれに同意してるわけではなくて、ただ

「そんなドイヒーなこと言っちゃって！」とウケる。だから自分のジョークが客にウケなくなった瞬間がコメディアンにとって悲劇の始まりになる。笑ってもらえないとそれはただの悪口になってしまう。アダム・ドライバー演じるヘンリーはクリス・ロックのようなもので、公開された時期と見事にシンクロしたのがすごい。そういえばこれはアダム・ドライバー悪徳男三部作でもありますよね。

児玉 リドリー・スコットの『最後の決闘裁判』（二〇二一）、『ハウス・オブ・グッチ』（二〇二一）、そして『アネット』ですね。ノア・バームバックの『ヤング・アダルト・ニューヨーク』（二〇一四）やジム・ジャームッシュの『パターソン』（二〇一六）などの洒脱な雰囲気でちょっと間の抜けた感じの男性役のイメージが強かったんですが、ここ最近は「有害な男性性」を体現するような役柄が多かったですね。

佐々木 『アネット』は、シーンの繋がりも、あるシーン内のショットの連なりも、いわば「編集」が存在していない稀有なタイプの映画だと思うんです。でもそれは、こんにちのハリウッド映画に代表されるようなスペクタクル重視の破壊的モンタージュではなく、まるでまだ「編集」という技法が確立していなかった時代の初期映画、たとえばジョルジュ・メリエスみたいに、いわば書き割り的な映像の連続のように思える。編集がないということは論理がないということです。アクション繋ぎのような技法もないし、ただ一つひとつの画だけが存在している、という感じ。だからある意味では「映画」ですらな

最後の決闘裁判
原題：THE LAST DUEL
監督：リドリー・スコット
原作：エリック・ジェイガー
脚本：ニコール・ホロフセナー、ベン・アフレック、マット・デイモン
出演：マット・デイモン、アダム・ドライヴァー、ジョディ・カマー、ベン・アフレック

ハウス・オブ・グッチ
原題：HOUSE OF GUCCI
監督：リドリー・スコット
原作：サラ・ゲイ・フォーデン
原案：ベッキー・ジョンストン
脚本：ベッキー・ジョンストン、ロベルト・ベンティヴェーニャ

ヤング・アダルト・ニューヨーク
原題：WHILE WE'RE YOUNG
監督・脚本：ノア・バームバック
出演：ベン・スティラー、ナオミ・ワッツ、アダム・ドライヴ

ァー、アマンダ・サイフリッド
パターソン
原題：PATERSON
監督・脚本：ジム・ジャームッシュ
出演：アダム・ドライヴァー、ゴルシフテ・ファラハニ

く、ほとんど活人画と言ったほうがいいのかもしれません。映画は原理的には世界の断片であるわけですが、ここではひとつのショットが「画」のようにずらずらと並んでいる。

児玉 それで言うと、私はヘンリーとアンの性描写の画は、春画なのだと思いました。二人の身体が奇妙なしなやかさを宿して、ほとんど軟体動物のように絡み合いながら不自然なほどの体位を見せる。少なくともリアリスティックな性行為としては描かれていなかった。さらにはクンニリングスから分娩へのショットの移行もまた不思議な感覚があったんですが、『アネット』の公開に際してフィルムアート社から出た『レオス・カラックス：映画を彷徨うひと』で映画研究者の木下千花さんが「本邦ではいまだに幅をきかせているヴァギナ中心主義と母性神話の複合体に対するメルド氏の一撃」と評していて膝を打ちました。性行為のショットから分娩のショットになるなら、その性行為は異性間の挿入のショットになるはずだという定石の刷り込みからのズレがある。分娩に関連して、『アネット』は子供を称賛している映画だという評も見かけたんですが、その点について佐々木さんはどう思いました？

佐々木 アネットはずっと人形なのだけど、ラストで生身の少女に「変身」しますよね。そして彼女は、父親にいわば逆襲する。この映画は、恋愛が性交、妊娠、結婚、出産、親子、家族と進んでいくプロセスについては痛烈に批判していると思いますが、結果として産

まれてきた子供については否定していないと思います。妻に対する夫の愛、子に対する親の愛の虚像と欺瞞は撃っているが、客体である妻と子に対しては、憐憫と、共感のようなものを示しているように僕には見えました。

児玉 子供の実存や生そのものは否定していないとしても、希望の象徴としての「子供」や異性間の愛の結晶としての「子供」のイメージは否定しているように見えました。クィア的な視点からもっと論じられそうな映画かもしれません。

ホン・サンスの新作二本——『イントロダクション』『あなたの顔の前に』

児玉 今回、恋愛映画作家として唯一単独で対談したのがホン・サンスでした。ほかにホン・サンスに匹敵するような作家がいればよかったんですが、やはりここまでハイペースで恋愛映画を撮り続けている人はなかなかいません。最新作の『イントロダクション』(二〇二〇)と『あなたの顔の前に』(二〇二一)はどうでしたか?

佐々木 議論になるのは、『あなたの顔の前に』のほうだと思います。これまでの作品とは違って、物語が一本の線で繋がっていますよね。死期を悟った元女優のヒロインがアメリカから韓国に帰ってきて、病気のことを伏せたまま妹たちと再会し、新作への出演を依頼してきた有名な映画監督と会う。韓国映画におけるメロドラマ的な要素がそのまま踏襲

イントロダクション
原題：인트로덕션
監督・脚本・撮影・編集・音楽：ホン・サンス
出演：シン・ソクホ、パク・ミソ、キ・ジュボン、ソ・ヨンファ、キム・ミニ

あなたの顔の前に
原題：당신얼굴 앞에서
監督・製作・脚本・撮影・編集・音楽：ホン・サンス
出演：イ・ヘヨン、チョ・ユニ、クォン・ヘヒョ、キム・セビョク

されているようにも思えますが、同時に他ならぬホン・サンス映画への一種の批判にもなっている。映画監督が女優と寝ようとして失敗するというエピソードを山場に持ってきている。この映画にはキム・ミニは出演しておらず、彼女はプロダクション・マネージャーとしてクレジットされている。サンスの過去の映画では、何らかの意味で権力を持った男性が自分よりも立場が下の女性にモーションを掛け、なぜかうまくいってしまうパターンが数多く描かれてきましたが、今回は途中までは同じなのに結末がまったく異なる。これをどう受け取っていいのか、そしてミニが何を考えてこの作品に参加しているのかが気になりました。ある意味、映画としては以前よりオーソドックスに仕上がっているようにも見えますが、ここへきてホン・サンスの映画は大きく変化しつつあると捉えざるを得ない。『あなたの顔の前に』は恋愛映画とは言えないと思いますが、「恋愛」が不発に終わる映画ではありますよね。映画監督と女優という組み合わせは明らかにホン・サンスとキム・ミニの関係を思わせるわけで、しかし映画の結論は真逆になっている。ここに何かしら隠された意図があるのか、世間で思われているようなことと、二人の関係が異なっているということを暗に示唆しているのか。もっとも映画では、女優の本心はよくわからないようになっていますが。

児玉　もともとスクリーンに映し出されるだけだったミニが裏方にまわり始め、その内容が映画監督と女優の恋愛じみたものなら、現実のふたりの関係と結びつけられても仕方ないでしょうね。先ほど話に上がったように、映画監督と役者における権力構造の上で性加害やハラスメントの問題が噴出しているさなかでそのテーマがスクリーンにかかることは、緊張関係を孕んでいると思います。

佐々木 本当にそうなんですよね。一方、『イントロダクション』は、まさに今までのホン・サンス映画の作り方だと思いました。でもやはり、どこかが違う。

児玉 『イントロダクション』は画面の肌理で言うと『川沿いのホテル』などに近く、物語のおかしみで言うと『正しい日 間違えた日』などに近いと思いました。『あなたの顔の前に』は、シリアスな女性映画ということで言うと『夜の浜辺でひとり』などに近いと言えるのかもしれませんが、それでもやはりホン・サンスのこれまでのどの作品にも似ていないような気がします。

佐々木 『イントロダクション』は三つのパートで構成されていますが、それぞれ抱擁のシーンが出てきます。第一話では主人公のヨンホが、子供の頃から世話になってきたらしい年長の女性と煙草を吸っているときに突然彼女を抱きしめる。第二話ではヨンホがドイツに留学に行ってしまった恋人を訪ねていって、彼女と抱き合う。時間が跳んだ最後の第三話でもヨンホは元恋人を抱き締めますが、僕が注目したのはそれより後のラストなんです。ヨンホと友人の男性が作家の先生と延々酒を呑み、酔っ払って浜辺にやってくる。そこで友人が海に入ってきたヨンホに上着をかけてやる場面がある。この動作が抱

『イントロダクション』

　配給：ミモザフィルムズ

6/24（金）よりヒューマントラストシネマ有楽町、新宿シネマカリテ、アップリンク吉祥寺ほか全国順次公開

『あなたの顔の前に』

　配給：ミモザフィルムズ

6/24（金）よりヒューマントラストシネマ有楽町、新宿シネマカリテ、アップリンク吉祥寺ほか全国順次公開

擁に見えるんです。本作のプレスシートには「三つの抱擁」とありますが、本当は四つなんだと僕は思いました。深読みかもしれませんが。ホン・サンスの映画に男性同士の愛情を思わせる描写が出てきたのは初めてではないかと思います。

児玉 ホン・サンスはこれまで過去作においてはたとえば『川沿いのホテル』でも女性同士の抱擁などささやかな触れ合いはありましたし、『逃げた女』でもキム・ミニが出会う女性ふたりがレズビアンカップルだと解釈できるような設定がありましたよね。

佐々木 でも男性の同性愛描写はこれまでなかったですよね。僕は『それから』あたりからその兆しがあったと思っているんですが、これもホン・サンスがいつも同じなようで実は次第に、しかも不可逆的に変化していっている表れとして捉えられます。『イントロダクション』も今までと同じようなシチュエーションから開始するのに、予想とは違う方向に展開が転がっていくのが新鮮でした。

児玉 変化で言えば、今回の二作はどちらもホン・サンス的なズームが希薄ではなかったですか？

佐々木 そうですね。たしかに減っているかも？

児玉 好奇心のままに動いていたような感情的なズームが、今回に関しては適切な速度で動く理性的なズームになっていたように見えました。

佐々木 やっとまともになってきた（笑）。『逃げた女』では足元など一見すると変な部分にいき

川沿いのホテル
↓P104参照

正しい日 間違えた日
↓P103参照

夜の浜辺でひとり
↓P104参照

それから
↓P101参照

逃げた女
↓P94参照

なりズームしていましたが、今回は不自然なズームはなかったですよね。

児玉　私はホン・サンスズームのファンなので、物足りなかったです（笑）。

佐々木　それから『イントロダクション』のオープニングタイトルで「製作期間二〇二〇年二月中旬〜三月中旬」と提示されるのは、コロナウィルスがちょうど流行し始めた時期だからじゃないですかね。しかし、登場人物は誰もマスクをしていない。コロナ以降、登場人物がマスクをつけている映画は、日本映画でも世界でも、予想したよりもあまり製作されていないように思います。

児玉　日本映画ではたとえば『春原さんのうた』（二〇二一）や『茜色に焼かれる』（二〇二一）、『女たち』（二〇二一）などをはじめ、登場人物たちがマスクをつけている作品はわりとありましたが、世界的に見れば思ったよりもマスクをつけていて当然な社会をそのまま描こうとした映画は少なかった気がします。コロナ禍に入ってすぐのときは、映画の世界がどうなっていくかについて議論されていたと記憶していますが、あまり変わらなかった。

佐々木　『春原さんのうた』はまさに「新しい日常」下の恋愛映画、言うなれば「反＝恋愛映画」ならぬ「半＝恋愛映画」という感じで、しかも微温的な描写に止められているとはいえ、明確なレズビアン映画で、とても感動しました。あの映画では人物がごく自然にマスクをしていて、手洗いをする。もともと日本人はマスクに違和感がないこともあ

春原さんのうた
監督・脚本：杉田協士
原作：東直子
出演：荒木知佳、新部聖子、金子岳憲、伊東沙保

茜色に焼かれる
監督・脚本：石井裕也
出演：尾野真千子、和田庵、片山友希、オダギリジョー、永瀬正敏

女たち
監督：内田伸輝
出演：篠原ゆき子、倉科カナ、高畑淳子、サヘル・ローズ

り、日本映画では幾つかありましたが、世界的にはコロナの時代が映画に刻印されぬままになりそうな気がしています。

BL映画の現在――『チェリまほ THE MOVIE』

児玉 佐々木さんの『イントロダクション』のBL的解釈に繋げて、日本の実写BL映画として「未来」を描いた作品として今話題になっている『チェリまほ THE MOVIE 30歳まで童貞だと魔法使いになれるらしい』（二〇二二）にいきましょう。佐々木さんはドラマシリーズを観ていなかったそうですが、対談に際して劇場に足を運んでもらいました。

佐々木 平日の昼間だったので、若い女性観客たちのあいだにひとりオジサンが混じって観たんですが、劇場に入るときも特典のポストカードを受け取ったりして、まずは慣れない洗礼を受けました（笑）。

児玉 今回は『〈男性同性愛者〉の社会史』（作品社）の著者である前川直哉さんと、『BLの教科書』（有斐閣）の編著者である堀あきこさんら研究者のお二人が監修に携わっている。最近ではテレビドラマですが昨年（二〇二一年）放送していたBL作品の『消えた初恋』にも「LGBTQ監修」として柳沢正和さんのお名前がクレジットされていました。大作の実写BL映画でジェンダー、セクシュアリティの研究者が監修を務めるケー

チェリまほ THE MOVIE 30歳まで童貞だと魔法使いになれるらしい
監督：風間太樹
原作：豊田悠
脚本：坂口理子
出演：赤楚衛二、浅香航大、ゆうたろう、草川拓弥

スはまだまだ少ない印象があります。

佐々木　興味本位ではなく、ボーイズラブというものをきちんと描かなければならないという意志が製作側にあったということですね。

児玉　『チェリまほ』はBL漫画が原作ですが、原作者の豊田悠さんが映画化に際して結婚の自由を目指して活動している団体Marriage For All Japanに、使用料の一部を寄付したと公表されていました。舞台挨拶の司会をされた奥浜レイラさんも登壇料の一部を同じくMarriage For All Japanに寄付されたと。

佐々木　それは素晴らしいですね。主演の町田啓太さんと赤楚衛二さんが可愛かった。三十歳まで童貞だったから魔法使いになって人の心が読めるようになったサラリーマンが、先輩社員が自分に寄せる想いに気付いてやがて結ばれるというストーリーで、主人公は元々ゲイを自認していたわけではないですよね。要するに非モテのノンケだった。ところが、相手の愛の力に心動かされ、性別の壁を乗り越える。結末を言ってしまいますが、同性婚のシーンで着地させているのも良いと思いました。たとえ物語として望ましいハッピーエンドだとしても、あそこまでなかなかやれないですよね。「おとぎ話はいずれ終わる」というナレーションが最初と最後に繰り返されますが、その「おとぎ話」とはまず人の心が読める魔法を指しているんだと思うんですが、僕はこの話自体が一種のおとぎ話だと思ったんです。

児玉 ファンタジー性が強いという意味かなと思いますが、どのあたりでそう感じましたか？

佐々木 たとえば、仕事先の同僚と恋をして両親に挨拶に行って……というのは、結婚に向かう異性カップルだとごく普通のプロセスですよね。男性同士だから社会の偏見の壁があって、そこが作品として成立する基盤になっているわけですが、そうであるにもかかわらず、その壁がわりと簡単に乗り越えられてしまう。お互いの家に相手を連れていくエピソードでは、安達家のほうは最初から家族全員に迎え入れられています。そんな親ばかりだったら同性婚をめぐる問題の多くは最初から存在してないですよね。こういう「理解ある親（家族）」がおとぎ話、ファンタジーだと思うのですが、問題は、単に理想を掲げるというよりも、親や家族に同意を得るまでの難関の描写を映画が省略しているように見えることです。そこにこだわるといろいろと面倒になるので、そっちには行かないようにしている、というか。

児玉 黒沢家のほうは最初は母親のほうが拒絶していましたが、それでも一度の訪問ですべてが円満になってしまう、と。

佐々木 会社でのカミングアウトがまったく描かれていないことも気になりました。周囲の理解を取り付けることこそが大きなテーマになり得るはずで、やりたいのはそういうことじゃないというのもわかるのですが、だからこれはやはりファンタジーだと思ってしまった。困難を乗り越えることになってない。そこを描き出すとどうしてもネガティヴな要素が入ってきてしまうから逃げたように見えてしまった。多幸的で前向きな気持ちにはなれますが、現実に困難に対峙している人たちにとって救いになり得るのだろうかという疑問が頭を過ってしまったんです。もっと強い言い方をすると、当事者ではなくBL消費者のほうだけを向いているように見えた。だから結婚式の場面でも、扉が開くときに会社の人たちはそこにいるんだろうかと一瞬思いました。

児玉　あの結婚式は映画内の現実ではなく、二人が見た夢だと解釈していました。

佐々木　そう、だから僕は率直に言えば、男性同性愛映画としては今泉監督の『his』のほうが誠実な映画だと思いました。

BL映画とゲイ映画

児玉　カテゴライズすれば『チェリまほ』はBL漫画が原作なのでBL映画ということになりますが、『his』はオリジナル脚本なのでゲイ映画になるんじゃないでしょうか。とはいえその境界はますます溶解しつつありますが、ジャンルが違えば描けることや描かなければいけないことも自ずと変わらざるを得ない。BLは表象としては男性同性愛者であっても本質的に女性文化であったことを、前提として忘れてはいけないと私は思っています。まさにBL文化で繋がる女性たちの連帯にフォーカスをあてたのが『メタモルフォーゼの縁側』(二〇二二)で、これも二〇二二年の映画です。描かれている当事者の差別や偏見を助長する表現は、もちろん都度問うていかなければいけない。と同時に、この社会で性的まなざしや差別につねに晒されている女性たちがBLをシェルターや心の拠り所として大切にしていることを踏まえながら、男性同性愛者が直面し得る現実的な厳しさをどの程度描いていくか、そのバランスの問題だと思います。

佐々木 『チェリまほ』は、そういったジャンル的な制約のなかで、同性婚という直近の社会問題にまで踏み込んで、よく描いたほうだということですね。

児玉 これまで非異性愛が過剰に悲劇的に、あるいは扇情的に描かれてきた歴史があるのでその反動でもありますが、「同性愛を異性愛とまったく変わらずに描いている」や「同性愛をただ幸福に描いている」といった言明が称賛の文脈のみに絡みとられるのにも少し違和感をおぼえます。本当に難しいのは、現在地点とフィクションを繊細に調合していくことだと思っているので……。

佐々木 現実的な障壁にこだわったり、ネガティヴな展開にすると、BLではなくなってしまうんでしょうか? BLがゲイ映画とはまったく違う受容/需要に支えられたジャンルであるならば、そのなかで敢えて頑張ることにどれだけ意味があるのかという問題にもなりますね。ただ僕は、障壁や困難を十分に描いていないことに対して、観たくないものは観たくないとする現代的な風潮の表れのように感じてしまったんです。

メタモルフォーゼの縁側
監督:狩山俊輔
原作:鶴谷香央理
脚本:岡田惠和
出演:芦田愛菜、宮本信子、高橋恭平、古川琴音

児玉　ヨアヒム・トリアーの『わたしは最悪。』（二〇二二）も二〇二二年公開の最新恋愛映画ですが、主人公の恋人が漫画家なんですね。その漫画家が女性のインタビュアーに不道徳さを責められる場面があるんです。あなたの漫画には近親相姦や性暴力が含まれるが、読者のなかに被害者がいるかもしれないし、女性として自分も傷ついたんだと。すると漫画家は読者が不快にならないように創作をしろと言うのかと反発する。読むかどうかはあなたが決められるし、アートは自由じゃなければいけない、と。このあたりの描写は今まさに主にソーシャルメディア等で議論されているイシューですが、「観たくないものは観たくない」とする受容側の声を作り手がますます無視できなくなっている。

佐々木　まだこだわっちゃって恐縮ですが（笑）、『チェリまほ』でもう一つ気になったのが、設定からして童貞からスタートしているのに、セックスはもちろんキスさえ一度も映されないことです。直接的な言及がないので、台詞からしかふたりがどこで初めて肉体的に結ばれたのか、観客は判断できない。

児玉　実はドラマシリーズでもその批判は視聴者から起きていました。ラストで黒沢と安達が乗ったエレベーターの扉が、彼らがキスしようとする瞬間に閉まってしまうんですよね。ただそれは好意的に解釈すれば異性同士でもよくあるベタな表現だと思っていたんですが、映画でも唇が触れるショットの代わりに手の重なり合うショットを差し込んでいて、さすがにあからさまに避けているように見えてしまいました。

わたしは最悪。
原題：VERDENS VERSTE MENNESKE
監督：ヨアキム・トリアー
脚本：エスキル・フォクト、ヨアキム・トリアー
出演：レナーテ・レインスヴェ、アンデルシュ・ダニエルセン・リー、ヘルベルト・ノルドルム

佐々木　ああ、接吻を映せないから手と手にしたということですね。そのあたりの描き方も含めて、この作品はもっと複雑で豊かな映画になり得る可能性があったのではないかと感じました。それではマーケティング的に成立しないのかもしれませんが。そしてあらためて恋愛映画という文脈で考えてみたときに、ごくごくオーソドックスなラブストーリーを同性同士にするだけで、にわかに幾つもの問題が浮上するということは考えるにたる重要なポイントだと思いました。

児玉　同じくBL映画繋がりで、二〇二一年に公開された『劇場版　きのう何食べた？』（二〇二二）とも比較したいのですが、『きのう何食べた？』にも親からの受容の問題がありました。西島秀俊が演じるシロさんの両親は表面的には受け入れているようにも見えるのですが、母親のほうが正月にパートナーのケンジを家に迎えた後、倒れてしまうんですよね。振る舞いに反して、どうしても受け入れられなさが生理的反応として出てしまう。これは言語による対話だけではどうしようもならないという同性愛嫌悪の根深さを象徴する描写だと思いました。

佐々木　原作者が『大奥』のよしながふみですもんね。さすがによく練られた問題提起的な描写だと思います。親が子の同性愛を受け入れるのは多様性への配慮でもイデオロギーでもなく、単純に親子だから、という場合が多い。でも頭では理解できるし心でも愛する子に寄り添ってあげたいと思っていても、時として本人の意思とは別に体に反応が出てし

きのう何食べた？
監督：中江和仁
原作：よしながふみ
脚本：安達奈緒子
出演：西島秀俊、内野聖陽、山本耕史、磯村勇斗

まう。すごくリアルですよね。男性同性愛を理想化している観客には受け入れ難いような描写をあえて入れるのは勇気があると思います。『チェリまほ』にもそういう描写が一つでもあったら違っていたかもしれない。比較するのも変ですが、『花束みたいな恋をした』の捩れ具合に比べると、『チェリまほ』はむしろストレートな恋愛映画でした。

児玉　特にシネコンでかかるような規模の現代の日本のクィア映画において最も重要な課題の一つは、未来先行的な「理想」と現実の過酷な「社会」とのあいだの整合性をどう取るべきかだと思います。『チェリまほ』はそれを考えさせられた恋愛映画でもありました。

城定秀夫と今泉力哉──『愛なのに』『猫は逃げた』

児玉　『愛なのに』(二〇二二)と『猫は逃げた』(二〇二二)は、日本の恋愛映画の第一線で活躍する城定秀夫監督と今泉力哉監督がお互いの監督作品に脚本を書くという面白い企画で作られました。『愛なのに』が今泉監督の脚本、『猫は逃げた』が城定監督の脚本です。

佐々木　まず『愛なのに』のほうは、複数の登場人物が一堂に会する場面があって、今泉節を感じる作品でした。城定監督が演出しているのに、今泉作品っぽい。今回、二作品続けて観て、脚本を書いたほうのカラーが強く出ているように感じられたのが発見でした。

児玉　私は『愛なのに』も『猫は逃げた』も、今泉監督の映画を観ているようでした。

花束みたいな恋をした
↓P13参照

愛なのに
監督：城定秀夫
脚本：今泉力哉、城定秀夫
出演：瀬戸康史、さとうほなみ、河合優実、中島歩

猫は逃げた
監督：今泉力哉
脚本：城定秀夫、今泉力哉
出演：山本奈衣瑠、毎熊克哉、手島実優、井之脇海

佐々木　となると、城定監督っぽさはどこにあるんだろう（笑）。

児玉　城定監督は職人気質な映画監督の気がするので、今泉さんの作家性に寄せたんでしょうか。城定監督は『女子高生に殺されたい』も公開されたばかりで、他者への感情が歪んだ形で表出してしまう男の物語である種の恋愛映画としても成立しそうな雰囲気でしたが、実際に観てみるとやや通俗的な印象が否めませんでした。

佐々木　『女子高生に殺されたい』は、城定監督の出自であるピンク映画として撮っていたらもっと面白くなっていたのじゃないかと思いました。メジャー作品であることがかえってさまざまな制約を引き寄せてしまったというか。『愛なのに』は今泉監督の『愛がなんだ』と同じように、ドラマの温度があまり上がらないのが良かったですね。物語の発想として二作は似ているし。どちらもまぎれもない恋愛映画なんですが、定型にはおさまらず、かといってエキセントリックさで勝負しているわけでもない。

児玉　『愛なのに』で一花が自分に片想いする本屋の店主と関係を持つじゃないですか。婚約者以外の男性との性経験があまりなかったから、その婚約者と相性が悪かったことを明確に自覚しますよね。しかもその婚約者も裏で浮気している。映画の結末に関わる部分の話になってしまいますが、私は結婚を辞めると思いました。そうでないと、セックスは配偶者以外と外でし続けなければいけないことになってしまうじゃないですか。

佐々木　僕は結婚すると思いました。捉え方はいろいろあると思いますが、結婚した後だってセ

女子高生に殺されたい
監督・脚本：城定秀夫
原作：古屋兎丸
出演：田中圭、南沙良、河合優実、莉子

愛がなんだ
↓P23参照

『愛なのに』

『猫は逃げた』

ックスする相手は別に見つけられるし、夫ともまったくしなくなるというわけでもない。要は性的な不満を上回るプラス面があればいいわけで。だから他の点では望ましい婚約者と別れて、セックスの相性が良いだけの本屋の店主を選ぶとは考えにくい。でも、これが欧米の映画だったら、最後は結婚を辞めるほうにいくのかもしれない。そこに日本的な婚姻の在り方を示唆する何かがあるのかもしれない。

児玉 欧米でも日本でも婚姻は排他的で永続的な二者間の関係性に限り、配偶者以外とは性的関係を結べないということになっているじゃないですか。でもたしかに欧米の恋愛映画だとセックスに問題があるなら結婚を辞める展開になるような気がしないでもない。

佐々木 『愛なのに』で本屋の店主に片思いしていた女子高生は、思いがかなわなくて同年代の男の子と付き合うようになるのかと思いきや、そうはならずに物語はオープンエンドになっている。あの店主と女子高生はこれからどうなっていくのか、続編を観たくなるような。映画が終わっても物語は完結する必要なんてなくて、その後も登場人物の人生が続いていく、という感じは城定監督と今泉監督に共通する姿勢ですよね。

児玉 『猫は逃げた』も、漫画家の女性と夫、それぞれと不倫していた出版社の女性と編集者の男性の四角関係が、その後もどうなっていくかわからないような終わり方をしているように見えました。『猫は逃げた』も『愛なのに』と同様に、結婚という問題が物語に重要なものとして関わってきていますが、やはり婚姻関係は解消されずに維持されるんですよね。

佐々木　そうですね。そこがある意味、今の日本社会らしいとも思います。結婚が安定というか将来不安への担保とイコールになっている。配偶者以外との恋愛が不倫＝倫理にもとる行為とされているのは、婚姻が契約というよりも誓約のように捉えられているからですよね。実際には婚姻率はものすごく下がっているし、欧米同様に離婚件数は日本でも増えている。そこに少子化と高齢化が加わって、世間一般ではだからこそますます「普通の結婚」の価値が上がっている。だから『猫は逃げた』の物語も、現実に照らすと今やファンタジーぽくもある。

児玉　楽観的ですよね。あと、やっぱり『愛なのに』と比べると『猫は逃げた』の濡れ場はカラッとしていて官能的ではない。いわば映画のなかの性描写に対して真逆なスタンスの今泉監督と城定監督が共同で撮ると、こんなに明確にその差が出るのかと、そこも面白かったです。『猫は逃げた』は性行為が開始されるやカメラが猫のほうに逃げたり、早く次のシーンに移行したがっているような気恥ずかしさの身振りを感じてしまいました(笑)。

佐々木　あの猫、すごく演技（?）が上手かったですよね(笑)。

変すぎる傑作——『TITANE チタン』

児玉 二〇二二年度のアカデミー賞は、『コーダ あいのうた』（二〇二一）が作品賞でした。対してカンヌ国際映画祭のパルムドールは『TITANE チタン』で、それぞれ最高賞を与える作品によって発したいメッセージが分かれた結果になった印象がありました。『コーダ』はろう者の役を当事者が演じていて、アカデミー賞は当事者性を重要視する今の世相を反映していると思いますが、『TITANE』はむしろ何にも迎合しない反社会的な映画ですよね。

佐々木 恋愛とは呼べないかもしれませんが、これは純粋で強度の「愛」を描いた映画と言っていいと思います。

児玉 そうでしたね。私は対物性愛映画はもっと作られていいと思っているんですが、『燃ゆる女の肖像』のノエミ・メリアン演じる女性が遊園地のアトラクションと恋愛する『恋する遊園地』（二〇一九）のように車と恋愛する映画を想像していたら、『TITANE』は別の方向性に物語が転じていった。『恋する遊園地』の恋愛対象であるアトラクションはジェンダー化されて男性のように見えましたが、かたや車はもともと男性性の象徴やメタファー的なモチーフではあるものの、『TITANE』では特にジェンダーが付されていないように見えて、そこもデュクルノーの作家性らしかったです。

コーダ あいのうた
原題：CODA
監督・脚本：シアン・ヘダー
出演：エミリア・ジョーンズ、エウヘニオ・デルベス、トロイ・コッツァー、フェルディア・ウォルシュ＝ピーロ

TITANE チタン
原題：TITANE
監督・脚本：ジュリア・デュクルノー
出演：アガト・ルセル、ヴァンサン・ランドン、ギャランス・マリリエ

燃ゆる女の肖像
↓P226参照

恋する遊園地
原題：JUMBO
監督・脚本：ゾエ・ウィトック
出演：ノエミ・メルラン、エマニュエル・ベルコ

佐々木　後半は完全に擬似父子の物語になる。僕は対物性愛の要素よりも、ヴァンサン・ランドン演じる父親とアレクシア／アドリアンの物語に「愛」を感じました。本物の父と息子／娘ではないのに、セックスがまったく介在しない純然たる「愛」。しかも彼女はレズビアンなわけじゃないですか。

児玉　たしかにアレクシアと女性の性描写はありましたが、レズビアンというよりも、特定のセクシュアリティを持たない人間として描かれていたように見えました。

佐々木　そうかもしれない。彼女にとって魂の欠損を肉で埋める存在が、たまたま女性だったということなのかもしれない。「父親」について考えたいんですが、彼は息子のアドリアンになりすまして現れたアレクシアを本当に息子だと思っていたわけではないですよね。

児玉　アレクシアが本当にアドリアンかどうかを調べるためのＤＮＡ検査を拒んだ時点で、あの父親は心のどこかで気がついていると思っていました。

佐々木　父親だけではなく、周囲の人間も急に現れたアドリアンの正体に最初から気がついていると思うんです。だからみんなでいわば演技をしている。

児玉　父親は「神」だから、絶対的な権力者としてこれが真実なんだと周囲を信じ込ませているということですね。

佐々木　アドリアンの部屋から子供の頃の写真が出てきて、見ると彼は女装させられている。つまり男なのに女の格好をさせられていた息子が失踪し、女なのに男の格好をした女が帰ってくる話になっているわけです。父親はそれをわかっているのに、父—息子ごっこを演じていく。父親はいわば発狂しているんですが、アレクシアにとってはその発狂こそが生まれて初めて人に愛された経験になる。それは完全に親子の愛情なのですが、その愛があまりにも強すぎるので、ほとんど恋愛に似てくる。実際、ふたりが恋愛関係になることは全然可能なわけですよね。だが、そちらには行かず、あくまでも偽の「父」と「息子」として振る舞い続ける。アレクシアが最後の最後で、何があろうと自分を愛してくれる人間と出会って精神的に結ばれるという映画なのだとわかったとき、僕は号泣しそうになりました。変な映画であることは間違いないですが(笑)。

児玉 変すぎますよね。アレクシアが自分の鼻を強打して変装する場面なんて、かなり長尺じゃないですか。あそこまで長尺で肉体の変容の瞬間を捉えようとする身振りに、デュクルノーの性癖を感じました。アレクシアはそれだけでなく、妊娠によっても肉体が徐々に変化していく。父親も父親でステロイドに頼りながら筋肉を増強させ続けています。変容していく肉体を抱えたふたりが出会って関係を結ぶ物語でもある。

佐々木 とにかく肉体的にセクシュアルな関係にならないのが良かったです。もし父親とアレクシアのあいだに性行為やそれに近い描写があったら、まったく別の映画になってしまう。明らかに観客を選ぶ映画ではありますが、傑作だと思う。

『TITANE／チタン』
DVD 2022年10月5日（水）発売　発売・販売元：ギャガ
コピーライト：© KAZAK PRODUCTIONS – FRAKAS PRODUCTIONS – ARTE FRANCE CINEMA – VOO 2020

児玉　デュクルノーがガーディアン紙で「ステレオタイプを見たら殺そうとしている」といった発言をしていて、まさにそういう映画だと思ったんですが、意味を簡単にわからせてくれない映画だからこそ批評が豊かな作品でもある。精神分析を使って論じている批評家もいれば、クィア映画やトランスジェンダー映画として論じている批評家もいる。トランスジェンダー映画として読めるのは、女の子の格好をしていたアドリアンが実はトランス女性だったのではないかという解釈が可能だからですね。

佐々木　僕はさっき「着せられた」と言いましたが、女性の服装を「着せられた」のか「着たのか」は、実はわからないですよね。ただ、アドリアンが女性の格好をしていたのなら、父親は男性然とした「息子」をなぜすぐにアドリアンだと思ったのかという疑問が湧いてきます。

児玉　そうすると、父親はアドリアンが男性の格好をしていた時点でより明確に息子ではないことにすぐ気がついていた可能性もあるということですよね。何が正解かまったくわからなくなってきます。

佐々木　『TITANE チタン』は敢えて真実を語らない、雰囲気で見せていく映画の側面もあるので、辻褄を合わせようとするとよくわからなくなってくる。

児玉　そもそも車との性行為による妊娠はどういうメカニズムなんだということも、冷静になって考えてはいけない。なにより思ったのは、日本映画ではこんなに妊娠と出産という人間の営みをある種とことんおぞましいものとして描くのはなかなか難しいのではないかということです。子供の誕生には神秘性を纏わせていますが、その過程自体は皮膚の痒みやオイルの体液などを前景化させて美しさや慈しみなどは排除されている。

佐々木　日本で出産や妊娠をおぞましいものとして描けないのは、少子化問題とも関係しているのかもしれない。子供を産むことの尊さをたとえわずかでも毀損できない抑圧の問題というか。つい最近、日本でもイスラエル人の社会学者が書いた『母親になって後悔してる』（新潮社）の翻訳本が出版されて話題になっていますよね。実際にはネグレクトだってあるわけですし、子供を産んだことを後悔しながらもちゃんと育てている女性だっているはずなのに、そこは隠されてしまっている。日本では「母と娘」の問題は、多くの場合、娘の視点から語られる。毒親はあっても毒娘は描きにくい。

児玉　マギー・ギレンホールが監督した『ロスト・ドーター』（二〇二一）も、過去に子供を生んだ中年女性が若い母娘と出会い、子供を置いて家を出てしまった記憶と再び対峙する映画でした。彼女は〝I'm an unnatural mother.〟、日本語訳では「母性がないの」と言いますが、この映画では「母性」が問い直されています。原作小説自体は二〇〇六年に上梓されていますが、Netflixで配信されたのが去年の年末で、今こうしてより多くの人目に触れやすい映画として製作されたという背景が大事だと思います。ようやく言いづらかったことも言っていこうよ、という時代的な空気が醸成されてきたと感じます。

ロスト・ドーター
原題：THE LOST DAUGHTER
監督・脚本：マギー・ギレンホール
原作：エレナ・フェッランテ
出演：オリヴィア・コールマン、ジェシー・バックリー、ダコタ・ジョンソン、エド・ハリス

佐々木　それは映画業界で今起きていることとも繋がりますよね。多くの人がこれまで口にすることのできなかった性加害やハラスメントに対して声を上げていこうという風潮はすごく大事ですが、特定の個人がスケープゴートにされて終わってはいけないとも思います。性加害もハラスメントも、構造と歴史の問題だと思います。そこを抜本的に変えなければいけないわけで、告発と謝罪が重要であるのと同時に、システム自体を見直さなければならないと思います。そうでないと、根本的な問題は温存され、隠蔽されるだけです。

児玉　榊英雄監督の『蜜月』（二〇二二）公開前に週刊文春で性加害報道が出たのが三月で、今は四月中旬ですが、この一ヶ月あまりで俳優の木下ほうかや園子温監督の性加害報道が続きました。また、是枝裕和監督や深田晃司監督らが声明文を発表し、小説家の山内マリコさんや柚木麻子さんなど映画の原作者となる小説家たちもこの問題に対して結束しています。日本では二〇一七年頃にハリウッドで盛り上がったような#MeToo運動は起きていないと長らく言われていましたが、その兆しがようやく見え始めました。

真の「キラキラ青春映画」——『リコリス・ピザ』

佐々木　ポール・トーマス・アンダーソン監督の新作『リコリス・ピザ』は、これこそ本物の

蜜月
監督：榊英雄
脚本：港岳彦
出演：佐津川愛美、筒井真理子、板尾創路、濱田龍臣

リコリス・ピザ
原題：LICORICE PIZZA
監督・脚本：ポール・トーマス・アンダーソン
出演：アラナ・ハイム、クーパー・ホフマン、ショーン・ペン、トム・ウェイツ

「キラキラ青春恋愛映画」だと思いました。大好きです。

児玉　私はキャメロン・クロウの『あの頃ペニー・レインと』（二〇〇〇）のような初恋映画のことを思い出しました。『あの頃ペニー・レインと』も十五歳の少年が恋する映画でしたが、『リコリス・ピザ』は単に一九七〇年代を舞台にしているからだけではなく、映画史的なノスタルジーをも喚起するような恋愛映画だと感じます。

佐々木　「時代」だけではなく「あの頃」と「映画」へのノスタルジーですね。

児玉　『リコリス・ピザ』は、映画として優れていると思う。たとえばオープニングシーンでゲイリーがアラナをデートに誘っている場面がずっと横移動で撮られていますが、終盤でも横移動で疾走する場面があって。歩行から始まり、疾走に繋がっていく。恋する若者たちは映画においてたいてい走り出すので、恋愛映画の文法をしっかり踏襲していますよね。

佐々木　ＰＴＡが、ここにきてなぜ『リコリス・ピザ』のような映画を撮ったのかということも一つの問いとしてあると思います。まさかこんな瑞々しい映画になっているとは、という新鮮な驚きがあった。仕立屋とウェイトレスの破滅的な恋愛を描いた前作『ファントム・スレッド』（二〇一七）はいかにもＰＴＡらしい変な映画でしたが、今回はエキセントリックな要素を脇役のスター俳優たちが担いつつ、いずれも映画初主演のアラナとゲイリーは真っ向から体当たりで「青春」と「恋愛」を演じている。

あの頃ペニー・レインと
原題：ALMOST FAMOUS
監督・脚本：キャメロン・クロウ
出演：パトリック・フュジット、ケイト・ハドソン

ファントム・スレッド
原題：PHANTOM THREAD
監督・脚本：ポール・トーマス・アンダーソン
出演：ダニエル・デイ＝ルイス、レスリー・マンヴィル

児玉　ＰＴＡが二十年前に撮った『パンチドランク・ラブ』（二〇〇二）は、恋愛映画特集などでもしばしばセレクトされている作品ですが、かなり奇妙な映画だと思いました。この映画でも『リコリス・ピザ』の実業家のゲイリーと同じように男がマットレスを売っていますし、共通点が多い。でも『パンチドランク・ラブ』に比べれば、『リコリス・ピザ』の恋愛パートは真っ当なことをやっている。

佐々木　そう、『パンチドランク・ラブ』の語り直しという面は強いですよね。でもむしろ若返っている。『リコリス・ピザ』では変化球が得意なＰＴＡがオーソドックスなスタイルを敢えて選んでいるように見える。更に初期の『ブギーナイツ』（一九九七）も思い出しました。だから初心に帰るというか、いうなれば普通の映画をやってみようと思ったんじゃないか。まあ、ディテールはじゅうぶん変ですけど。

児玉　どちらもロサンゼルスを舞台にした映画ですが、構造的にはタランティーノの『ワンス・アポン・ア・タイム・イン・ハリウッド』（二〇一九）の蛇行しながら進んでいくような展開に似ているような気がしました。ちなみにこの映画の試写後、宣伝を担当されている方とお話ししたときに「ポリコレ」というワードが出ました。

佐々木　一九七〇年代が舞台なのだから、別に十年前でも二十年前でも撮れたわけですよね。だが実際に撮られ、観られるのは二〇二二年であるわけで、このタイムラグに起因する解釈や評価は当然いろいろと出てくるだろうと思います。

パンチドランク・ラブ
原題：PUNCH-DRUNK LOVE
監督・脚本：ポール・トーマス・アンダーソン
出演：アダム・サンドラー、エミリー・ワトソン

ブギーナイツ
原題：BOOGIE NIGHTS
監督・脚本：ポール・トーマス・アンダーソン
出演：マーク・ウォールバーグ、バート・レイノルズ、ジュリアン・ムーア、ヘザー・グレアム

ワンス・アポン・ア・タイム・イン・ハリウッド
原題：ONCE UPON A TIME IN HOLLYWOOD
監督・脚本：クエンティン・タランティーノ
出演：レオナルド・ディカプリオ、ブラッド・ピット、マーゴット・ロビー

児玉　この対談の時点では日本ではまだ劇場公開になっていませんが、英語圏を中心として日本人差別／アジア人差別の描写が議論になっています。この二〇二〇年代に観るといわゆる「ポリコレ」という視点が不可避的に介入し、『リコリス・ピザ』のように、映画の話題においてそればかりが先行してしまうことも起こる。

佐々木　それはそう思いますし、何と言ってもポール・トーマス・アンダーソンが撮っているのだから深読みもしたくなる。要するに七〇年代だったら黙認されていたことが今なら許されない、という問題ですよね。『リコリス・ピザ』の「アジア人差別問題」は、和食レストランで働く日系（?）女性が英語が下手というものですが、明らかにそれは当時、実際にもあっただろうし、そのことへの差別もあったでしょう。そしていまだにあるということなのだけど、昔も今も存在している差別そのものを描くべきでない、フィクションのなかでも見たくない、という感じが強まっているのは正直どうかと思います。それってただフタをしてるだけじゃないですか。差別を描くことと差別に反対することは全然矛盾しない。リベラルの一部には、こういう「臭いものには蓋」的なところがどうしてもあると思います。単に見ないふりを、あたかも存在していないように振舞うだけでは、差別がなくなるわけがない。だから僕は『リコリス・ピザ』への「アジア人差別問題」は、ものすごく程度の低いものだと思っています。そんなことをＰＴＡがわかってやってないわけがない。あなたがたは彼の過去の映画を観てきたのか、と問いたい。

児玉　そもそも映画自体を観ずに批判している層も一定数いるようですし、その描写はPTAの義理の母親である笠井紀美子さんの実体験を基にしていますからね。

佐々木　『リコリス・ピザ』は、ものすごくキラキラしていますが、でも綺麗事だけを描いているわけではない。ゲイリーは山師的というか、あの手この手で金儲けに精を出し、人を騙すことも平気でしますよね。性格的に魅力的なのか、善良な人間なのか、というと、どう考えてもまったくそうではない。むしろ悪人に近い。ただ一つだけ、いろいろと目移りはしつつもアラナを好きな気持ちだけはずっと変わらない。彼の行動原理の底にはアラナに最初に出会ったときに感じたときめきがあって、何があろうとそこだけはけっして揺るがないということが胸を打つ。ストーリーとしてはすれ違いのドラマで、何度も何度も近づいたり離れたりしながら、二人が七〇年代のカリフォルニアの路上を走りまくる。恋愛感情が持つプリミティヴな力を見せてくれるというか、映画が進むにつれてエネルギーがどんどん溜まっていって、あの素晴らしいラストシーンに至る。

児玉　私はこの映画は、キスするまでの映画だなと思いました。ずっとキスしそうなのにしないまま映画が進んでいき、溜まりに溜まったフラストレーションが最後に放出される。

佐々木　キスしたら終わるんだろうな、と観客は思っちゃいますよね。そして期待を裏切らず、最後にキスシーンが待っている（笑）。

児玉　先ほど『リコリス・ピザ』は恋愛映画の文法をなぞっていると言いましたが、そこもそうでしたよね。

佐々木　ベタとも言えますが、今だからこそ観たい恋愛映画だと思いました。

児玉　こういうベタさを厭わない映画に飢えているのかもしれませんね。ジェニファー・ロペス主演の『マリー・ミー』（二〇二二）を先日試写で観たんですが、物語は大スターの女性と平凡な教師の男性との王道なハリウッドのロマコメでこれまでに何度も観てきたような映画なのに、なんだかかなり久しぶりな気がしてそれだけで楽しめてしまったんですよね。こうして恋愛映画を語るにあたっても、政治的に難しい側面がどうしても介入せざるをえない時代に置かれているということは、『リコリス・ピザ』で再認識させられました。

佐々木　恋愛映画に限らず、あらゆる映画は、政治的で「も」ある。だが同時に、あらゆる映画を、政治的に「しか」観ないのも明らかにおかしい。これは恋愛そのものにも言えて、そこには常に権力やジェンダー、セクシュアリティ、アイデンティティ・ポリティクスが潜在しているし、それを見ないふりをするのもむろん間違っているけれど、そこ以外はすべてが虚妄だとしてしまうのも、やはり駄目だと思うんです。恋愛映画も、恋愛自体も、そこに矛盾があるからこそ、意味があるのじゃないかと思います。

マリー・ミー
監督：カット・コイロ
原作：ボビー・クロスビー
脚本：ジョン・ロジャース、ハーパー・ディル
出演：ジェニファー・ロペス、オーウェン・ウィルソン

恋愛映画崩壊前夜

対談のなかで恋愛映画作家として挙げたレオス・カラックスを、ここでふたたび召喚する。

あなたを想い続けることにはもう疲れた／こんなむつかしい永久に進行形の失恋に囚われてしまって、いったいこれからどうしたらよいというのか／僕はあなたが好きだ――。

これは佐々木敦さんの映画評論集『映画的最前線 1988-1993』（水声社）におさめられている『ボーイ・ミーツ・ガール』『汚れた血』評において綴られた、きわめて「映画」と「恋情」が溶け合った一節の引用だ。映画と恋愛の関係性について思索しようとすると、私はいつも三十年ほど前に書かれたこの評を想起してきた。だからそんな佐々木さんとまさに恋愛映画についての対談ができたことは、私にとって運命的な僥倖だった。

しかし一方で、フェミニズムやクィアを批評の切り口のひとつとして持つ私との対談をするにあたり、佐々木さんにとっては障壁やリスクなどもあったのではないかと懸念もあった。あえてそういったテーマに触れたがらない男性論客も少なくない。まずはそこを越えてくださったことに感謝したい。佐々木さんにはつねに受け皿になっていただき、私が話したいことをまとまりもなく話すばかりになってしまったかもしれないが、それも対談が始まるまでに、佐々木さんが丁寧に対話を積み上げ、歩み寄ってくださったおかげにほかならない。どんな話題を出しても、まるですでに知っていたかのように何でも打ち返してくださる佐々木さんの博覧強記ぶりにはいつも驚かされていた。佐々木さん、ほんとうにありがとうございました。

私と佐々木さんの終わりの見えない対話に根気強く付き合ってくださった担当編集者の大久保潤さんにも、感謝申し上げる。おふたりは私が安心して話せる、安全な場を作ってくださった。本書で文字になっていない、一年あまりのあいだに対談を超えて交わした様々な議論は、実は重要な問題提起をいくつも内包していたのではないか。それもまたどこかで日の目を見てくれたら、と密かに思っている。私の力不足により、こうして本になるまでにおふたりには多大な尽力を頂戴してしまい、日々不甲斐なさを痛感するばかりだった。だからこれは私にとって「反＝恋愛映画論」であり、「半＝恋愛映画論」でもある。そしてなにより、こんな変わった恋愛映画本に、最後まで寛容に付き合ってくださった読者の方々に深く御礼を申し上げたい。期待していた内容とはかけ離れていたかもしれないし、恋愛映画について語るといいながらこのふたりはいったい何について語っているのかと、呆れる瞬間も多々あったかもしれない。ただなるべく生の言葉で、未来永劫耐え得るような普遍性よりも、今この瞬間の時代性が嘘偽りなく刻み込まれた本にできるよう心がけた。恋愛についての映画を語る本書の性質上、どうしても恋愛する人の物語に偏重してしまったが、恋愛しない人の物語が今後ますます増えることも同時に願う。

最後に、私の目論みについてひとつだけ書いておきたい。本書の構成段階において、「ＬＧＢＴ映画」もしくは「クィア映画」の章を設けるご提案をいただいていた。私はかねてより、カテゴライズの意義や体系的に研究／批評言説を蓄積していく重要性を説いている。そのため取り立てて章立てしないという最終的な選択に矛盾をきたしていると思われても致し方ない。しかし、私はあくまでも「恋愛映画」とのみ銘打った一冊の本において、さまざまなジェンダーやセクシュアリティの映画について垣根を取っ払って縦横無尽に話したかった。これまで「ふつう」とされてきたのではない恋愛の形が同列に語られていくような、そんな「恋愛映画」の本を、誰より私自身が読みたかった。ここだけは「今」ではなく、(そうなるべき)「未来」を志向しているかもしれない。とはいえ、現状のこの社会がすべての愛の形態を同等には扱っていないように、語りの上でもそうした摩擦や逡巡の痕跡が随所に刻まれているのも、この過渡期においては必然であろう。それもまた、まさに「今」語られたひとつの証として残しておきたい。この選択が奏功したかは、これから本書を通して邂逅するすべての読者に委ねるほかない。

最初に引用した佐々木さんによるカラックス評の結びを復唱して、筆をおく。

崩壊する映画の夢よ、さようなら。かなしみよ、さようなら――。

ひとまずここで、さようなら。映画を観る人は、本来的に孤独な人だと思う。あなたはひとりではない、などとは言わない。あなたはひとりだ。そして、私もひとりだ。これは、私たちがこれからも不毛な片思いを続けていくための、対話を続けていくための、未来へ向けた「さようなら」。

二〇二二年七月十五日
児玉美月

恋愛映画から遠く離れて

一風変わった本になったことは自覚している。

対談を始める前に、児玉美月さんとは全体のコンセプトから個別のテーマ、取り上げるべき作品、章立てまで、かなり細かくディスカッションを行った。しかし、いざ話し始めてみると、当初考えていたようにはいかないことも多々あり、対談ならではのダイナミズムというか、その場のノリによって話がどこまでも脇道に逸れていってしまったことも数知れず、そしてそれはもっぱら私のせいであって、その場の思いつきで使えるかどうかもわからない駄弁を弄し続ける私に呆れることなく（ホントは呆れてたのかもしれないが）延々と付き合ってくださった児玉さんと担当編集者の大久保潤氏には心の底からお礼を申し上げたい。この本に芯のようなものがあるとしたら、それは常に冷静かつ穏やかに、寛容さとユーモアをもって私の発言を打ち返し、そこに浮かびあがってきた諸問題を、古今東西の映画にかんする広範な知識と豊かな記憶に裏打ちされた適切かつクリエイティヴな思考によって、より大きな主題へと接続してくれた児玉さんのおかげである。

とはいえ、繰り返すが、一風変わった「恋愛映画」にかんする書物になったと思う。というよりも、これは果たしてほんとうに「恋愛映画」にかんする本なのだろうか？　出発点は恋愛であっても、話題はいつしか必ずしも恋と愛だけに限定されない思いがけぬ広がりを見せていったし、お互いが相手の発言に触発されて、ふと記憶から引き出されてきたエピソードが、ほとんど恋も愛も関係ないような、だが非常に重要なテーマに繋がっていくこともあった。第一、私と児玉さんが本書で取り上げた映画には、一般的にはマイナーな作品も含まれているし、ジャンル論的にも「恋愛映画」と呼べるかどうかわからない作品のほうが多いかも知れない。

書名である『反＝恋愛映画論』は私が提案したものだが（もともとはこのプロジェクトのワーキング・タイトルだった）、この「反」は単なるアンチということではない。これは「恋愛映画」批判の本ではない。私はもちろん、おそらく児玉さんも、一般的な意味で恋愛を題材とした映画を特に好んできたわけではない。だがしかし読まれる通り、広義の、あるいは狭義の「恋愛映画」も少なからず観てきた／観ているし、それは必ずしも「恋愛映画だから」ということではないかもしれないが、観れば観たで何かを考えもする。「恋愛映画論」は「映画論」でもあり、おそらく、というか間違いなく「恋愛論」でもある。だから本書は、従来の「恋愛／映画／論」に対して、ささやかな反旗を翻そうとしたものだと言えるかもしれない。

対談は毎回、渋谷のＰヴァインの会議室で収録した。児玉さんが平日会社勤めのため、特に最初の数回は、週末のどちらかのほとんど丸一日を費やして、いつ果てるとも知れない対話と議論とお喋りが繰り広げられた。午後から始めて、毎度終わったときには夜、時には深夜に近い時刻になっていることさえあったが、新型コロナウイルスのせいで打ち上げをすることもかなわず、そのまま無機質な会議室でコンビニで買ってきた缶ビールで乾杯することもしばしばだった。だから要するに、われわれは時々集まっては、映画を肴に恋バナをしていたのだ。いや、恋愛を肴に映画を語り合っていたのだろうか。もちろん、そのどちらもだ。

担当編集者の大久保潤氏とは、『批評とは何か？』『小説家の饒舌（インタビュー集）』『「4分33秒」論』『「小説家」の二〇年「小説」の一〇〇〇年（古川日出男との共著）』『小さな演劇の大きさについて』に続き、これがなんと六冊目である。やってみないとどうなるかわからない本企画を、おそらく多少の心配もありつつ快く引き受けてくれた彼は、対談収録中も静かなムードメーカーぶりを発揮し、明らかに雑談に流れているときもせき止めることなく、われわれの話したいように任せてくれた。その存在感は抜群の安心感を与えてくれたと思う。書き起こしだけでも膨大なテキスト量であったろう対談を構成したのは児玉さんである。そこで語られていることの要点を摑み出し、流れを整理して、編集と圧縮を駆使して見事な原稿に仕上げてくれた。その優秀さには頭が下がる。ほんとうに、お疲れさまでした。

本書の制作を通じて、私の「恋愛映画」嫌いは解消されたのだろうか。それは今もよくわからない。気分としてはむしろ、自分がなぜ「恋愛映画」を苦手なのか、その理由が深掘りされただけのような気もしている。でも、それはそれでいいというか、もともとそれが目的だったのかもしれない。「恋愛映画」、「恋愛」と「映画」の内に潜在する、矛盾や逆説、気づきと教え、限界と本質のようなものを、このようなやり方で追究してみるのに、児玉美月さんほど格好のパートナーはいなかったと思う。あのとき、勇気を出して声をかけてよかった……などと書くとこれはもういかにも恋愛めくが（笑）、もちろん私たち二人のあいだにそのような磁場は生じなかったし、そうはならないことが最初からわかっていたからこそ、これがやれたのだと思う。美月さん（普段はこう呼んでいる）、ありがとう。

本書を、恋愛にアレルギーがあるがゆえに恋愛映画が苦手なすべての人に捧げます。

二〇二二年七月十五日
佐々木敦

佐々木敦

１９６４年名古屋市生まれ。ＨＥＡＤＺ主宰。文学ムック「ことばと」編集長。映画美学校言語表現コースことばの学校主任講師。芸術文化の複数の分野で活動。執筆した論考、著書とも多数。著書に『「批評」とは何か？　批評家養成ギブス』『小説家の饒舌』（メディア総合研究所）『「4分33秒」論』『小さな演劇の大きさについて』（Ｐヴァイン）『映画的最前線 1988–1993』（水声社）『ゴダール・レッスン　あるいは最後から2番目の映画』（フィルムアート社）『ゴダール原論――映画・世界・ソニマージュ』（新潮社）『批評王』（工作舎）『この映画を視ているのは誰か？』（作品社）『半睡』（書肆侃侃房）がある。

児玉美月

映画執筆家。共著に『「百合映画」完全ガイド』（星海社新書、２０２０年）、分担執筆に『韓国女性映画　わたしたちの物語』（河出書房新社、２０２２年）『アニエス・ヴァルダ――愛と記憶のシネアスト（ドキュメンタリー叢書）』（neoneo編集室、２０２１年）『ジョージ・Ａ・ロメロの世界――映画史を変えたゾンビという発明』（ele-king books、２０２１年）『岩井俊二『Love Letter』から『ラストレター』、そして『チィファの手紙』へ』（河出書房新社、２０２０年）『フィルムメーカーズ21 ジャン＝リュック・ゴダール』（宮帯出版社、２０２０年）、ほか『キネマ旬報』『映画芸術』『ユリイカ』『文學界』などに寄稿。

反＝恋愛映画論

『花束みたいな恋をした』からホン・サンスまで

2022年9月30日　初版印刷
2022年9月30日　初版発行

著者　佐々木敦・児玉美月
デザイン　戸塚泰雄（nu）
編集　大久保潤（Pヴァイン）

発行者　水谷聡男
発行所　株式会社Pヴァイン
〒150-0031　東京都渋谷区桜丘町21-2 池田ビル2F
編集部：TEL 03-5784-1256
営業部（レコード店）：TEL 03-5784-1250　FAX 03-5784-1251
http://p-vine.jp

発売元　日販アイ・ピー・エス株式会社
〒113-0034　東京都文京区湯島1-3-4
TEL 03-5802-1859　FAX 03-5802-1891

印刷・製本　シナノ印刷株式会社

ISBN 978-4-910511-22-1